Gustavo A. Sánchez Salazar
Elisabeth Reimann

Barbie
in Bolivien

Verlag der Nation
Berlin

Originaltitel: Barbie en Bolivia. Criminal hasta el final
Aus dem Spanischen übersetzt
von Christiane Barckhausen-Canale
Mit einem Nachwort von Dr. Ulrich Strulik

ISBN 3-373-00364-4

1. Auflage 1989
Verlag der Nation Berlin
© dieser Ausgabe Verlag der Nation 1989
Lizenz-Nr. 400/82/89
LSV 7289
Lektor: Hannelore Kramer
Technischer Redakteur: Ingrid Welzer
Einband: Klaus Herrmann
Lichtsatz: (140) Druckerei Neues Deutschland Berlin
Druck und buchbinderische Verarbeitung:
Märkische Volksstimme Potsdam
Best.-Nr. 697 008 8
00600

Von einer Verbrecherjagd handelt dieses Buch, spannend wie ein Kriminalroman. Von tapferen Menschen erzählt es, aus der BRD, aus Frankreich, aus lateinamerikanischen Ländern, die, getrieben von ihrer humanistischen und antifaschistischen Gesinnung, Mühsal und Opfer auf sich nehmen, um der Gerechtigkeit zum Siege zu verhelfen.

Lange gelingt es dem Verbrecher Klaus Barbie alias Klaus Altmann, sich als ehrenwerter Geschäftsmann Don Klaus zu tarnen. Reaktionäre Militärs, Putschisten, Drogenhändler und Folterer decken ihren Ratgeber, der sie lehrte, die in Frankreich angewandten Gestapomethoden auf das südliche Amerika zu übertragen. Auch die CIA hält schützend ihre Hand über den ebenso nützlichen wie skrupellosen Agenten. Wie die unerschrockene Beate Klarsfeld Barbies Spur aufnimmt, wie sie, gemeinsam mit Gleichgesinnten aus anderen Ländern, den vielfachen Mörder in die Enge treibt, wie Pläne unrealisierbar werden und was alles unternommen werden muß, um Barbie schließlich vor Gericht zu bringen, erfährt man aus diesem Buch.

Wenig oder gar nicht bekannt ist, was der ehemalige stellvertretende bolivianische Innenminister Gustavo A. Sánchez Salazar und die chilenische Journalistin und Schriftstellerin Elisabeth Reimann im Zusammenhang mit der Entdeckung, Verfolgung und endlichen Festsetzung des ehemaligen Gestapochefs von Lyon in Bolivien über den revolutionären Kampf in Lateinamerika zu sagen wissen. Ein Nachwort erklärt, warum Barbie nach Bolivien flüchtete, und hilft dem Leser, sich in den politischen Ereignissen Lateinamerikas zurechtzufinden.

Kapitel I
Das Raubtier wird in die Enge getrieben

El Alto, der Flughafen der bolivianischen Hauptstadt, liegt direkt auf der Hochebene, etwa zwölf Kilometer vom Stadtzentrum entfernt. Neben dem internationalen Flughafen befindet sich ein Luftwaffenstützpunkt. Am Freitag, dem 4. Februar 1983, kurz nach zweiundzwanzig Uhr, fuhr ein geräumiges, kugelsicheres Fahrzeug auf die Basis und nahm direkt Kurs auf einen Hangar.

So begann das letzte Kapitel im bewegten Leben von Klaus Barbie, dem Mörder, Folterknecht und Kriegsverbrecher, der sich zweiunddreißig Jahre lang unter der falschen Identität des Geschäftsmannes und Mitglieds der wohlhabenden und einflußreichen deutschen Kolonie Klaus Altmann in Bolivien verborgen gehalten hatte. Seine Ausweisung und spätere Übergabe an die französischen Behörden, die den berüchtigten «Schlächter von Lyon» wegen seiner Verbrechen gegen die Menschlichkeit vor Gericht stellen sollten, war das Ergebnis eines von den bolivianischen Behörden peinlich genau organisierten, raschen Manövers. Eines Manövers, das den biederen «Don Klaus» überraschte. Er hatte seelenruhig mitangesehen, wie die Auslieferungsanträge der Bundesrepublik Deutschland und Frankreichs an den von der Verfassung festgesetzten Grenzen gescheitert waren, und er wußte sich, sehr selbstsicher, von seinen mächtigen militärischen Freunden beschützt. Zu ihnen gehörte auch der ehemalige Präsident, General Vildoso, der sich wenige Monate zuvor gezwungen gesehen hatte, die Macht an Dr. Hernán Siles Zuazo abzugeben.

Viele ausländische Korrespondenten, die La Paz im Oktober 1982 anläßlich der Amtseinführung besuchten, drängten sich nach einem Interview mit dem neuen Würdenträger.

Dr. Siles Zuazo versuchte, solchen Begegnungen mit der Presse, wenn möglich, auszuweichen; einige eingereichte Fragen wurden von seinen engsten Mitarbeitern beantwortet. Das politische Regierungsbündnis war nicht allzu breit gefächert, und der neue Präsident mußte seine Zeit der Suche nach annehmbaren Lösungen widmen.

Auf eine Frage der nordamerikanischen Wochenzeitschrift «Newsweek» zum Thema «Klaus Altmann» sagte der Präsident voller Nachdruck, man werde den Deutschen ausweisen. Schon vor seiner Rückkehr aus dem Exil, Mitte Juni 1982, hatte er bei einem Pressegespräch in der Hauptstadt Perus, Lima, dasselbe gesagt: Er verpflichte sich, den Verbrecher, entsprechend dem Gesetz, an die Behörden auszuliefern.

Einer der Journalisten, die anläßlich des Amtsantritts des neuen Mandatsträgers nach La Paz gekommen waren, war Gustavo Sánchez Salazar, ein im Exil lebender Bolivianer, der seit zwei Jahren bei Radio Havanna, Kuba, arbeitete. Sánchez nutzte die Reise, um ein Wochenende in Cochabamba zu verbringen, wo er seine greise Mutter besuchte. Sie bat ihn, bald wiederzukommen und Urlaub zu nehmen, aber der Journalist mußte nach Havanna zurückkehren. Um so schmerzlicher traf ihn am 9. November im Studio die Nachricht, seine Mutter sei plötzlich gestorben.

Gustavo Sánchez nahm unbegrenzten Urlaub und kehrte in aller Eile nach Bolivien zurück, um der Beerdigung seiner Mutter beizuwohnen; da die Flugverbindungen ungünstig lagen, konnte er nicht rechtzeitig eintreffen. So blieb die traurige Aufgabe seinen vier Kindern überlassen. Er beschloß, eine Weile im Land zu bleiben und das Weihnachtsfest mit ihnen zu verbringen.

Im Laufe des Monats Dezember nahm Sánchez an mehreren Sitzungen im Informationsministerium teil. Der Minister, Jorge González, war ein alter Freund und Kollege; Mario Rueda Peña, sein direkter Mitarbeiter und Stellvertreter im Amt, hatte sieben Jahre Exil in der Deutschen Demokratischen Republik verbracht. Zuvor hatten Sánchez und Rueda Peña einige Zeit gemeinsam als Emigranten in Chile und später in Argentinien gelebt. Dort hatte die «Triple A» sie verfolgt, und sie waren dann jeder in ein anderes Land gegangen. Nun aber führten die Lebensumstände sie erneut zusammen.

Rueda Peña hatte zwei Brüder in der Guerilla von Teoponte verloren und war in der fortschrittlichen Regierung des Generals Juan José Torres 1971 Stellvertretender Innenminister gewesen.

Eines Tages, bei einem Spaziergang durch die steilen Gassen von La Paz, unterhielten sich die beiden Freunde über die Krise, die sich am Horizont zusammenbraute. Die Rechte zeigte sich unzufrieden mit dem Informationsminister González, und einige Vertreter des politischen Bündnisses Union Democrática Popular (UDP) beteiligten sich an dieser Kampagne.

Die unvermeidbare Krise brach tatsächlich aus. Die Movimiento de la Izquierda Revolucionaria (MIR), die vom Vizepräsidenten Jaime Paz Zamora geführte Partei der Revolutionären Linken, verließ die Regierung, blieb aber Teil des politischen Bündnisses UDP. Bei der Regierungsumbildung wurde Mario Rueda Peña zum Informationsminister ernannt und machte, mit Zustimmung von Dr. Siles Zuazo, Gustavo Sánchez zu seinem Stellvertreter. So befand sich wenigstens ein Ministerium unter der Kontrolle von Männern mit eindeutig linker politischer Einstellung. «Man mußte etwas tun, um die Rechnung mit den Faschisten zu begleichen und die Versprechungen des Präsidenten zu verwirklichen», erinnert sich Sánchez.

Während der ersten Arbeitssitzung des Informationsministeriums begann die Debatte mit der Frage: Wo ist Barbie, und was treibt er? Es herrschte Übereinstimmung, daß man vor allem verhindern mußte, daß er das Land verließ und womöglich im Chile Pinochets Zuflucht suchte. Man mußte ihn unbedingt festnehmen und im Gefängnis bewachen; später dann würde man die gesetzlichen Details prüfen.

Die ersten Versuche beim Innenminister verliefen ergebnislos. Man konnte niemanden ohne Anklage festnehmen, nicht einmal einen so eindeutig identifizierten Verbrecher wie Barbie. Rueda Peña und Sánchez studierten die Fakten und entdeckten, daß Barbie dem staatlichen Bergbauunternehmen COMIBOL zehntausend Dollar schuldete. Der Oberste Rechnungshof der Republik erhob Anklage und forderte Präventivhaft. Barbie, der sich weiterhin Altmann nannte, wurde ordnungsgemäß benachrichtigt, aber er fühlte sich so sicher, daß er sich freiwillig, ohne Begleitung seines Anwalts, beim Obersten Rechnungshof einfand.

Altmann-Barbie weigerte sich, die Schulden zu bezahlen, der Haftbefehl wurde rechtskräftig, und er landete in einer Zelle der mitten im Stadtzentrum gelegenen Strafanstalt San Pedro.

Seine völlig gesetzlich zustande gekommene Verhaftung war nun ein Fakt. Er saß im Gefängnis. Seine Freunde, Anwälte und Bekannten baten ihn, die Schulden zu begleichen, aber der hochmütige Altnazi lehnte ab. Unterdessen traf sich Rueda Peña in einem Haus in Sopocachi mit Mario Verlarde, dem Minister für Auswärtige Angelegenheiten. Beide einigten sich darauf, den Präsidenten der Republik um die Einberufung einer Sondersitzung der Regierung zu bitten, auf der der Fall diskutiert werden sollte. Sie waren dafür, den Kriegsverbrecher unverzüglich auszuweisen. Dabei konnte man sich des Gesetzes über den Wohnsitz bedienen, einer alten Bestimmung, die das Innenministerium ermächtigte, «unerwünschte Ausländer» summarisch, kraft einer einfachen Anordnung, des Landes zu verweisen.

Als Barbies Ausweisung bei der Sitzung diskutiert wurde, sprachen sich einige christdemokratische Minister dagegen aus. Innenminister Mario Roncal erhielt den Auftrag, die nötigen Schritte einzuleiten und einen Ausweg zu suchen. Die Botschaften der BRD und Frankreichs wurden über den Stand der Dinge unterrichtet und ließen wissen, daß sie sich mit ihren Regierungen konsultieren würden.

Constantino Carrión, der angesehene Anwalt, der seit geraumer Zeit die Belange Altmann-Barbies vertrat, warnte seinen Klienten: Die Nichtbegleichung der Schulden konnte gefährliche Konsequenzen haben. Er empfahl ihm dringend, die Angelegenheit unverzüglich in Ordnung zu bringen. Im Gefängnis stellte sein Klient einen Scheck über zehntausend Dollar auf das laufende Konto seiner Frau Regina bei einer Bank der USA aus und verlangte, freigelassen zu werden.

Bei einer weiteren Kabinettssitzung kam es zu einer langen Debatte über den Fall Barbie. Erneut forderten Verlarde und Rueda Peña die unverzügliche Ausweisung. Die kommunistischen Minister unterstützten sie mit Nachdruck. Fraglich war wieder die Haltung der Christdemokraten und die des Ministers für Luftfahrt, eines Militärs. Die Meinung der Erstgenannten schien noch immer durch juristisch-konstitutionelle Vorbehalte oder, eigentlich, durch ihre rechtsgerichtete politische Haltung beeinflußt, und der Offizier wollte sich offenbar angesichts der Beziehungen Barbies zu einigen nach wie vor im aktiven Dienst stehenden Militärs einer positiven Entscheidung enthalten. Doch letzten Endes hatte niemand Einwände gegen die Ausweisung des Nazis: Der Regierungsbeschluß wurde einstimmig angenommen. Was er jedoch nicht beinhaltete, war das Verfahren, das mit strengster Geheimhaltung behandelt wurde.

Am 4. Februar um neun Uhr dreißig wurde Gustavo Sánchez Salazar auf Vorschlag des Präsidenten Siles Zuazo und mit Zustimmung seines Kabinetts zum Stellvertretenden Innenminister ernannt. Innenminister Mario Roncal bat den Informationsminister, seinen Mitarbeiter von seiner Funktion zu entbinden, damit er seine Vereidigung vornehmen könne. Unterdessen rief der Präsident Sánchez in seinem Büro im Innenministerium an, und es kam zu folgendem Dialog:

Hernán Siles Zuazo: Hier spricht Siles, guten Tag.

Gustavo Sánchez: Guten Tag, Herr Präsident. Ich stehe zu Ihrer Verfügung.

Hernán Siles Zuazo: Gustavo, danke, daß Sie eingewilligt haben, meiner Regierung als Stellvertretender Innenminister zu dienen. In diesem Moment begibt sich Minister Roncal in sein Büro. Gehen Sie zu ihm, und nehmen Sie sich des Problems an, das er Ihnen darlegen wird. Nochmals Dank. Viel Glück.

Gustavo Sánchez: Herr Präsident ... Ich bin überrascht, aber ...

Hernán Siles Zuazo: Danke, Herr Vizeminister.

Gleich darauf ließ sich Sánchez mit Minister Rueda Peña verbinden, der nichts weiter sagte als: «Geh gleich, wir dürfen keine Zeit verlieren.»

Auf diese Weise wurden der Informationsminister und der soeben ernannte Stellvertretende Innenminister mit der «Operation Barbie» betraut. Die Verantwortung für den operativen Aspekt sollte ausschließlich bei Sánchez liegen. Um zehn Uhr fünfundvierzig legte er seinen Eid ab. Nach den üblichen Reden und noch vor der Gratulationscour des Personals führte ihn Minister Roncal in seinen Privatraum und sagte: «Auf Anordnung von Don Hernán sollst du dich um die Einzelheiten der Affäre Barbie kümmern; hier sind alle Dokumente und eine Aufstellung aller durchgeführten Schritte, aller Varianten. Ich sehe dich später. Viel Glück.»

Der frischgebackene Vizeminister rief umgehend seinen alten Freund Régis Debray an, der zu diesem Zeitpunkt Berater des Präsidenten der Republik Frankreich, Mitterand, war. Er informierte ihn über seine neue, weitgehende polizeiliche Befugnisse beinhaltende Funktion und bat ihn, den Empfang der «Fracht» auf französischem Territorium vorzubereiten. Er würde sich später wieder melden, um letzte Einzelheiten abzusprechen. Debray wußte im Moment nicht, was er sagen sollte: die Nachricht über die neue Funktion seines Freundes verwirrte ihn. Er bat ihn, zu warten und noch einmal anzurufen.

In Bolivien sind die öffentlichen Ämter zwischen zwölf und vierzehn Uhr geschlossen. Es blieb noch Zeit, die Einzelheiten der Ausweisung Klaus Barbies zu prüfen.

«Klaus Altmann» war ein Deckname des Verbrechers Klaus Barbie, und mit diesem Decknamen hatte er die bolivianische Staatsbürgerschaft erhalten. Die durch Betrug zustande gekommene Maßnahme war nun jedoch ungültig, und Barbie galt in Bolivien wieder als Ausländer, als unerwünschter Ausländer, der nicht im Besitz von Dokumenten war, mit denen er sich ausweisen konnte. Außerdem befand er sich wegen Verschuldung beim Staat im Gefängnis. Er hatte zwar die zehntausend Dollar an COMIBOL zurückgezahlt, doch blieben noch die Zinsen zu erstatten. Erst wenn das geschehen war, würde der Oberste Rechnungshof der Republik das Dokument ausstellen, das den Direktor der Strafanstalt anwies, den Häftling zu entlassen. Da der Leiter des Rechnungshofes abwesend war, hatte einzig und allein sein Stellvertreter Jaime Urcullo Vollmachten, besagtes Dokument auszufertigen.

Man mußte nun rasch handeln. Wenn Barbie das Gefängnis verließ, würde sich seine Spur im Urwald von Santa Cruz verlieren, wo seine deutschen Freunde auf abgelegenen Hazienden private Start-und-Lande-Bahnen für Flugzeuge besaßen. Oder er würde über die Grenze gehen, nach Chile. Auf jeden Fall befände er sich außer Reichweite der Justiz.

Um vierzehn Uhr dreißig suchte Sánchez, begleitet von der Chefsekretärin des Innenministeriums Janeth Rospigliossi, den Stellvertretenden Leiter des Obersten Rechnungshofes in seiner Wohnung auf. Urcullo war bekannt dafür, daß er stets pünktlich zur Arbeit kam. Man bat ihn, er möge an diesem Nachmittag nicht vor sechzehn Uhr dreißig in seinem Büro erscheinen: Um diese Zeit würde niemand mehr glauben, daß er überhaupt noch kommen könne. Unterdessen wies Sánchez einen Beamten an, die Zinsenschuld von Klaus «Altmann» aus dem Reservefonds des Innenministeriums zu begleichen und sich das Entlassungspapier für den Häftling geben zu lassen. So würde man, wenn man die Operation zwischen sechzehn Uhr dreißig und siebzehn Uhr durchführte, die Gesetze befolgen, und niemand könnte es als Willkürakt bezeichnen, wenn man den Kriegsverbrecher aus dem San-Pedro-Gefängnis herausholte.

Die Nachricht von der bevorstehenden Freilassung Barbies verbreitete sich in der ganzen Stadt. Dutzende von Journalisten, Kameramännern und Fotografen gingen in der Nähe der Strafanstalt in Stellung. Barbies Helfer, allen voran sein Berater und Leibwächter Alvaro de Castro, sorgten dafür, daß die Nachricht bekannt wurde. Sie waren davon überzeugt, es würde eine Frage von Minuten sein, die Schuld zu bezahlen und die Haftentlassung zu erwirken. Doch das Entlassungsdokument befand sich bereits in Händen des Vizeministers Sánchez.

Der Tag verging mit fieberhafter Geschäftigkeit. Man mußte alle Einzelheiten sorgfältig festlegen. Der Direktor des San-Pedro-Gefängnisses mußte vorbereitet werden, um zur Zeit die Anweisung des Rechnungshofes zu unterzeichnen, dem Befehl nachzukommen und umgehend die Gefängnistore zu öffnen, damit der Häftling hinausgehen konnte. Aber der Direktor war nicht in seinem Büro, und niemand wußte, wo man ihn finden konnte.

Kraft seiner neuen Befugnisse ordnete Sánchez an, die Beamten des Ministeriums und der Nationalen Polizei sollten sich daranmachen, den Verschwundenen zu suchen und ihn ins Büro des Stellvertretenden Innenministers zu bitten. Der Gefängnisdirektor, ein pensionierter Polizei-Oberst, der eine Schwäche für alkoholische Getränke hatte, wurde schließlich in einer Bar aufgespürt, wo er sich in Begleitung eines Stellvertretenden Justizsekretärs im Innenministerium betrank. Beide wurden höflich, aber nachdrücklich aufgefordert, beim Vizeminister Sánchez vorzusprechen. In Anbetracht des betrüblichen Zustands, in dem sich der Gefängnisdirektor befand, wies sein Gastgeber an, ihm so viele Tassen bitteren Kaffees vorzusetzen, wie er brauchte, um wieder zu sich zu kommen.

Ein anderer Aspekt, über den entschieden werden mußte, war die Presseberichterstattung. Zweifelsohne handelte es sich um ein Ereignis, das weltweites Interesse hervorrufen würde, und die Fotografien und Interviews des ausgewiesenen Exnazis würden ein Exklusivrecht darstellen, das, abgesehen von beruflichem Ruhm, auch viel Geld einbringen konnte. Auf Vorschlag des Informationsministers lud Gustavo Sánchez den angesehenen Journalisten Oscar Peña Franco ein, Barbie auf seiner Reise zu begleiten. Dabei würde er für das staatliche Fernsehen die Exklusivrechte an der Reportage erhalten. Um sechzehn Uhr fünfunddreißig rief Peña den Stellvertretenden Innenminister an und ließ ihn wissen, daß er von dem Unternehmen zurücktrete.

Nun mußte dringend ein anderer gefunden werden. Nach genauem Überlegen erhielt der Pressechef von Kanal 7 des staatlichen Fernsehens, ein Mitglied des Zentralkomitees der Kommunistischen Partei Boliviens, der glänzende Journalist Carlos Soría Galvarre, den Auftrag, über die Reise zu berichten. Soría, dessen Werdegang im antifaschistischen Kampf bekannt war, wurde informiert, er müsse La Paz für drei Tage verlassen und würde dabei von einem Kameramann und einem Assistenten begleitet werden. Keines der drei Mitglieder des Journalistenteams bekam eine konkrete Information über die Mission, mit der man sie betraute. Eigentlich wurden die Männer vom staatlichen Fernsehen von dem Moment an, da sie das Büro des Vizeministers betraten, de facto dort «festgehalten». Jeglicher diesbezüglicher Zweifel schwand angesichts der strengen Anweisung ihrer Bewacher, den Ort nicht zu verlassen.

Sánchez persönlich teilte Soría mit, er dürfe nur seine Frau anrufen und sie bitten, ihm einen Koffer mit sommerlicher Kleidung für drei Tage zu packen, der später von einem Beamten des Ministeriums abgeholt werden würde. Während seiner Abwesenheit könne sie, falls es etwas Dringendes gab, Gustavo Sánchez anrufen. Sonst dürfe er sich mit niemandem telefonisch in Verbindung setzen.

Eine Sekretärin wurde beauftragt, für den Kameramann und den Assistenten Unterwäsche und Hemden für drei Tage zu kaufen. (Entgegen allen Erwartungen begleitete das Team des bolivianischen Fernsehens Barbie bis nach Paris, wo ihnen die tropische Kleidung wenig Schutz gegen die scharfe Februarkälte bot.)

Um siebzehn Uhr fünfundvierzig ging der Vizeminister ins Büro des Innenministers, um ihn über die Details zu unterrichten. Mario Roncal befand sich in Gesellschaft seines Bruders Hugo, der in der Produktionsabteilung des Kanal 7 des staatlichen Fernsehens arbeitete. Der Minister teilte Sánchez mit, sein Bruder werde mitfliegen und in seinem Wohnhaus befände sich der französische Journalist Claude Critton, der die Reportage machen werde; Kanal 7 des Fernsehens werde in Dollar für das Exklusivrecht bezahlt werden.

Der Vizeminister antwortete seinem Vorgesetzten, Hugo Roncal könne durchaus mit von der Partie sein, keinesfalls jedoch Claude Critton und sein Team; die Reportage werde vom Pressechef des Kanal 7 gemacht, und zwar auf Anordnung des Herrn Präsidenten der Republik und auf ausdrücklichen Wunsch des Informationsministers Mario Rueda Peña.

Es kam zu einer ziemlich heftigen Diskussion, der ersten zwischen Sánchez und Roncal. Letzterer drohte, er werde die Ausweisung rückgängig machen, falls man seinen Forderungen nicht nachkäme. Sánchez forderte ihn auf, mit dem Präsidenten der Republik zu sprechen. Er erinnert sich: «Das Gesicht des Bruders war weiß wie ein Blatt Papier.»

Roncal rief den Präsidenten Siles Zuazo an, und dieser sagte ihm, die gesamte Information über den Fall liege in den Händen des Fachministers Mario Rueda Peña und die Verantwortung für die Einzelheiten der Ausweisung trage der am Morgen ernannte Stellvertretende Innenminister.

Die Anweisung des Präsidenten wurde befolgt. Es gab keine Zeit, um Nichtigkeiten zu diskutieren, und schon gar nicht, um persönliche Gelüste zu befriedigen. Minister Roncal nahm schließlich den Bericht von Sánchez entgegen und stellte seinen Dienstwagen zur Verfügung, um den Häftling zu transportieren. Dr. Siles seinerseits befahl der Casa Militar, einen Jeep für Sánchez bereitzuhalten, bis ihm Roncal ein Fahrzeug zuwies. Zwei Offiziere der Nationalen Polizei, die im Innenministerium als Adjutanten von Roncal Dienst taten, wurden als Bewacher abgestellt. Sie hatten die ausdrückliche Erlaubnis, im Notfall von ihren Waffen Gebrauch zu machen. Winzige Details, die sich jedoch als wichtig dafür erwiesen, daß alles wie am Schnürchen lief.

In La Paz brodelte die Gerüchteküche. Der Botschafter Frankreichs suchte an diesem Tag dreimal den Präsidenten auf. Würde jemand versuchen, Barbie zu befreien? Seine Freunde vom Militär vielleicht? Oder die Rauschgifthändler? Oder seine Freunde, die alten deutschen Nazis? Seine Terroristenkumpane, die «Verlobten des Todes»?

Bevor Sánchez das in der Arce-Allee gelegene Gebäude des Innenministeriums verließ, ordnete er an, das Tor zur Hauptgarage geöffnet zu halten und es von zwei mit Maschinenpistolen bewaffneten Wächtern zu sichern. Dann wurde der Direktor des San-Pedro-Gefängnisses aufgefordert, zusammen mit den beiden für diesen Fall abgestellten Offizieren das Ministerauto zu besteigen. Der Fahrer, ein Mann, der darin geübt war, mit Schwierigkeiten fertig zu werden und der den Spitznamen «Teufel» trug, hatte den Motor bereits angelassen und die Hände ans Lenkrad gelegt. Eilig fuhr die Gruppe in Richtung des San-Pedro-Gefängnisses davon. Es war ein Wettlauf mit der Zeit. Im Gefängnis konnten offizielle Dokumente nur bis achtzehn Uhr abgegeben werden.

Der San-Pedro-Platz war voller Journalisten. Etwa zweihundert hatten sich eingefunden, dazu ein halbes Tausend Neugieriger. Das konnte in dem Moment, da man Barbie herausbrachte, ernsthafte Schwierigkeiten hervorrufen. Einige Presseleute, langjährige Freunde, die Sánchez bei seinem Spitznamen «Chino» riefen, begannen zu schreien: «Was ist hier los? Weist diesen Mistkerl aus!» – «Sag doch was, sei nicht so, Chino! Sprich schon, verdammt noch mal!»

Eine Abteilung der Speziellen Sicherheitsgruppe (GES), des Wachregiments des Innenministeriums, bahnte sich einen Weg ins Gefängnis. Es war zwei Minuten nach achtzehn Uhr. Sánchez hielt Oberst Bustillos am Arm.

Die auf dem Platz zusammengelaufene Menge machte es gefährlich, Barbie herauszuholen. Sánchez setzte sich umgehend mit dem Minister in Verbindung und teilte ihm mit, er werde den Plan ausführen, aber ohne Barbie. Mit anderen Worten, er werde so tun, als bringe er ihn, mit einer Kapuze über dem Kopf, in einem Jeep weg, während Motorräder der Verkehrspolizei bereit standen, den Weg frei zu machen. Die Journalisten würden den Platz verlassen und dem Konvoi mit dem falschen Barbie zum Flughafen El Alto folgen, der viertausenddreihundert Meter über dem Meeresspiegel lag.

Genau so wurde verfahren. Mit Schlagstöcken machte die Polizei den Weg frei, damit der Jeep vor dem Gefängnistor parken konnte. Zwei Offiziere hielten einen mit einer Kapuze bedeckten Mann an beiden Armen fest und stießen ihn ins Fahrzeug. Der Mann hatte etwa Barbies Statur; man würde leicht glauben, daß es sich um ihn und keinen anderen handelte. Der da aber in Wirklichkeit das Gefängnis verließ, war der Direktor persönlich, der sich lächelnd für den Betrug zur Verfügung gestellt hatte. Er trug sogar Handschellen, und die Posten, die ihn führten, legten ihn auf den Fußboden des Jeeps. Dabei traten sie ihn so sehr, daß Oberst Bustillos zu schreien begann: «Hört auf, mich zu treten, verdammt noch mal! Ich bin euer Oberst! Und nehmt mir dieses Scheißding ab, ich ersticke ja!»

Man befreite ihn von der Kapuze und bat ihn um Verzeihung, aber dann mußte er Kapuze und Handschellen erneut anlegen, weil man ihn in den Protokollraum des Flughafens brachte, wohin ihm eine große Zahl von Journalisten folgte. Für etwas später waren zwei Flüge angesagt: Aeroperú nach Lima und Lloyd Aéreo Boliviano nach Brasilien. Der Oberst konnte für jeden der beiden vorgesehen sein. Der kleine Protokollraum wurde streng bewacht. Eine Kompanie der Nationalen Polizei, deren Kaserne in El Alto lag, stellte die

Wache. Der Aufwand an Fahrzeugen und Motorrädern war perfekt. Alles erweckte den Anschein, als handle es sich hier um Klaus Barbie.

Vor dem San-Pedro-Gefängnis waren etwa dreißig Journalisten zurückgeblieben: die alten Füchse, die Skeptiker, diejenigen, die den Trick durchschaut hatten. Kameraleute waren nicht mehr da. Zum zweitenmal wurde ein Mann mit Kapuze in einen Jeep gebracht. Jetzt folgten die letzten Presseleute dem Fahrzeug, überzeugt davon, daß es sich diesmal wirklich um den Deutschen handelte. Nun war der Platz menschenleer.

Barbie befand sich noch in seiner Zelle. Er saß auf dem Rand eines Eisenbettes, auf dessen Matratze eine Decke lag. «Machen Sie sich fertig, Sie gehen!» sagte ein Offizier zu ihm. Eilig packte Barbie seine persönlichen Sachen und seine Medikamente in ein altes Köfferchen. «Legt dem Kerl Handschellen an!» befahl der Vizeminister.

Barbie fragte, wohin es ginge, bekam aber keine Antwort. Man führte ihn zum Haupttor des Gefängnisses. Die Häftlinge, die durch die Schlüssellöcher ihrer Zellen blickten, begannen zu schreien und zu pfeifen. «Mörder! Bringt den Kerl um!» verlangten sie. Das hochmütige Gesicht des ehemaligen SS-Offiziers verwandelte sich langsam. Es war ihm anzusehen, daß er sich bemühte, gelassen zu bleiben.

Sánchez ging neben seinem Gefangenen. So konnte dieser genau hören, wie er sich per Sprechfunk mit dem Minister unterhielt: «Ich bringe den Alten weg.» Die Antwort lautete: «Ich dachte, er sei schon raus aus dem Knast.» – «Wir sehen uns bald, Herr Minister», erwiderte der Leiter der Operation und brach die Verbindung ab.

Das Tor des San-Pedro-Gefängnisses wurde weit geöffnet. Das große, kugelsichere Dienstfahrzeug des Ministers Roncal stand wartend vor dem Ausgang. Zunächst stieg ein Offizier ein, dann Barbie und gleich darauf ein weiterer Offizier, der den Häftling am Handgelenk gepackt hielt. Der Motor lief, Sánchez setzte sich neben den Fahrer, den berühmten «Teufel», und befahl: «Fahr los!»

Es gab keinen Geleitschutz. Das Auto gewann sofort Höchstgeschwindigkeit, und Sánchez sagte zum Fahrer: «Nicht so schnell, der Herr hat es nicht eilig.» – «Wohin fahren wir?» fragte der «Teufel». «Zu uns nach Hause.» Der Fahrer verstand und machte sich auf den Weg zum Innenministerium in der Arce-Allee. Das Auto glitt in die Garage, die Türen wurden geschlossen, und die Gruppe stieg aus.

In einem Kellerraum warteten bereits einige Personen, die mit Barbie gearbeitet hatten und ihn gut kannten. Sie nannten ihn «Don Klaus». Sie saßen auf Zementsäcken, auf die man eine Decke gelegt hatte. «Setzen Sie sich dorthin», befahl Sánchez. Barbie setzte sich, locker und lächelnd. Niemand sprach; es wurden nur Blicke gewechselt. «Sie können miteinander reden, wenn Sie wollen. Sie sind doch Freunde; Sie kennen einander, und möglicherweise ist dies das letztemal, daß Sie zusammen sind», bemerkte der Vizeminister.

Ein Team des staatlichen Fernsehens filmte die Szene. Die Männer saßen finster da und tauschten drohende Blicke miteinander. Sie waren Mitglieder der Gruppe «Die Verlobten des Todes», einer von Barbie aufgestellten Terroristeneinheit, von der später noch die Rede sein wird. Einer von ihnen war Alfredo Mingolla, Offizier des argentinischen Abwehrdienstes, der für die CIA arbeitete und als Militärberater in Guatemala und El Salvador gewirkt hatte. In Bolivien war er während der Amtszeit von García Meza für die Abteilung II (Abwehr) des Heeres tätig. Der zweite war Omar Casís, ein internationaler Rauschgifthändler im Dienste von Oberst Arce Gómez, dem Innenminister unter García Meza. Man hatte seine Auslieferung aus Panama erwirkt. Die Gruppe wurde vervollständigt durch Adolfo Ustarez, einen der Anwälte Barbies und ehemaliger Chef des Obersten Rechnungshofes der Republik. Sie saßen zehn Minuten lang zusammen und sprachen kein Wort. Die Szene wurde auf Videoband aufgenommen.

An diesem 4. Februar war in La Paz vieles geschehen. Seit dem frühen Morgen hatte sich Barbies Statthalter Alvaro de Castro in aller Eile darangemacht, das Geld aufzutreiben, um die Zinsen der Zehntausend-Dollar-Schuld zu bezahlen und die Freilassung seines Chefs zu erwirken. «Ich rannte herum wie ein Wahnsinniger und kratzte alles zusammen, um das Geld aufzutreiben. Ich sprach sogar mit dem Direktor einer Bank, damit er über Mittag die Kasse geöffnet ließ», sagte er später in Gesprächen mit der Presse.

Am Nachmittag erkannte de Castro, daß es ihm unmöglich war, die Schulden zu bezahlen, weil der Beamte, der befugt war, das Geld entgegenzunehmen, der stellvertretende Leiter des Rechnungshofes, Urcullo – wie wir schon wissen – nicht, wie gewohnt, um vierzehn Uhr dreißig in seinem Büro erschien. De Castro erwartete ihn voller Ungeduld, aber vergeblich.

Unterdessen wurde der Botschafter der Bundesrepublik Deutschland in La Paz, Helmut Hoff, erneut zu Innenminister Mario Roncal bestellt, der ihn von der unmittelbar bevorstehenden Ausweisung Barbies in die BRD informierte. Wenn seine bolivianische Staatsbürgerschaft ungültig geworden war, weil er sie mit einer falschen Identität erschlichen hatte, dann war Barbie noch immer deutscher Staatsbürger. Der Botschafter wurde sehr nervös und bat um ein Gespräch mit Präsident Siles, und zwar vor Beendigung der für diesen Vormittag anberaumten Kabinettssitzung.

Etwa um elf Uhr empfing der Präsident den Botschafter Hoff. Es kam zu keiner endgültigen Einigung. Siles mußte sein Kabinett informieren: Die Deutschen hatten bald Wahlen, und Barbies Anwesenheit würde der Politik der Regierungspartei schaden. Ein anderes Argument des Botschafters lautete, sein Land habe eine Auslieferung – die das Oberste Gericht nie zulassen würde – beantragt und keine Ausweisung. In Wirklichkeit war es für die BRD-Regierung zumindest in diesem Moment nachteilig, den Landsmann aufzunehmen, auch wenn es sich um einen ehemaligen SS-Offizier und erklärten Kriegsverbrecher handelte. Viele Freunde und Waffenbrüder Barbies waren auf freiem Fuße und hatten sogar Schlüsselstellungen in Regierungsämtern inne, und einige von ihnen hatten sich als Direktoren von Industrieunternehmen bereichert. Die Bundesrepublik Deutschland wollte ganz einfach Zeit gewinnen und den Urteilsspruch des Obersten Gerichts Boliviens bezüglich der Auslieferung abwarten.

Angesichts des Drängens von Dr. Siles sagte der Botschafter, es gäbe keinerlei Möglichkeit, die bolivianischen Vorhaben zu unterstützen, weil «der Zeitraum für den Abtransport Barbies so kurz» sei. Man besprach verschiedene Möglichkeiten: Man könnte Barbie in einem Flugzeug der bolivianischen Luftwaffe in irgendein angrenzendes Land bringen, um ihn der Regierung der BRD zu übergeben, oder man könnte ihn, von Beamten der bolivianischen Polizei oder der INTERPOL bewacht, mit einer regulären Lufthansa-Maschine von La Paz in die BRD schicken. Man konnte sich nicht einigen.

Da das Kabinett in seiner schon erwähnten Plenarsitzung beschloß, Klaus Barbie als unerwünschten Ausländer, der keine Papiere besaß, auszuweisen, blieb dem bolivianischen Staat keine andere Alternative als die Nutzung anderer Kanäle. Weil die Bundesrepublik Deutschland ihn nicht wollte, würde man eine andere Lösung suchen. Die Einzelheiten waren bereits im Gange, ohne daß die Geheimdienste der BRD etwas davon mitbekamen.

Der französische Botschafter in La Paz wurde von Paris über die bevorstehende Ausweisung informiert und bekam den Auftrag, diesen Plan rückhaltlos zu unterstützen. Er handhabte die Angelegenheit mit äußerster Vorsicht und bot der bolivianischen Regierung jede mögliche Hilfe an. Minister Roncal hatte den Diplomaten auf dem laufenden zu halten.

Der Plan sah einfach aus: Ein Flugzeug würde die «Fracht» aufnehmen, und in Cayenne, im französischen Übersee-Departement Guayana, sollte sie den französischen Behörden übergeben werden. Von dort aus würde ein von Mitterand geschicktes Präsidentenflugzeug den «Schlächter von Lyon» zum Schauplatz seiner Verbrechen transportieren. Später würde er mit allen Gesetzesgarantien vor Gericht gestellt werden. Régis Debray rief aus Paris an und bestätigte Gustavo Sánchez die Entscheidung Präsident Mitterands, die Ausweisung zu unterstützen. «Alles ist vorbereitet. Der Erfolg hängt jetzt von euch ab.»

Es fehlten nur noch wenige Stunden bis zum Start des Flugzeugs, das Barbie nach Cayenne bringen sollte. Nach der Aufnahme des Videobandes im Keller des Ministeriums ordnete der Vizeminister an, Barbie in das Stockwerk zu führen, in dem sein Büro lag. Neben seinem Raum gab es ein kleines Zimmer mit einem Bett, wo man in den Nächten, in denen Notsituationen herrschten – und davon hatte es viele gegeben – ausruhen konnte. Dort stand auch ein Direkttelefon, dessen

Nummer nur drei Personen bekannt war: dem Präsidenten der Republik, dem Innenminister und dem Informationsminister. Von hier aus hatte man die Gespräche mit Paris geführt. Dieses Telefon wurde nicht «angezapft».

In diesem kleinen Zimmer nahm Gustavo Sánchez die ersten Aussagen Barbies entgegen. Für die Regierung war es von größtem Interesse, etwas über seine Verbindungen zu denjenigen Befehlshabern der Streitkräfte zu erfahren, die noch im aktiven Dienst standen. Man wußte nicht, wie die Militärs auf Barbies Ausweisung reagieren würden, da der Präsident keinerlei offizielle Konsultationen geführt hatte. De facto konnte er das auch nicht tun, denn laut Verfassung war er der Oberbefehlshaber der gesamten Streitkräfte, und das Gesetz ermächtigte ihn, Befehle zu geben, nicht aber, sich zu konsultieren.

Man beschloß, für den Flug nach Cayenne eine Hercules C-130 der bolivianischen Luftwaffe zu benutzen. Das endgültige Flugziel würde man der Besatzung nach dem Start bekanntgeben. Der Umschlag mit den Instruktionen wurde dem Kommandeur der Luftwaffe ausgehändigt, der über die Mission Bescheid wußte.

Das Gespräch zwischen Sánchez und Barbie wurde auf Tonband aufgenommen. Dies ist seine genaue Niederschrift:

S.: Welche Kontakte haben Sie zu militärischen Befehlshabern?

B.: (keine Antwort)

S.: Das Schweigen schadet Ihnen. Zu wem haben Sie in den militärischen Befehlssphären Kontakt?

B.: Ich kenne niemanden.

S.: Sie haben einen Ausweis, auf dessen Foto Sie die Uniform der Armee meines Landes tragen, und Sie behaupten noch immer, Sie kennen niemanden. Halten Sie mich für blöd?

B.: Ich kannte Vildoso, als er Präsident war.

S.: Lügen Sie nicht. Ich habe Sie zusammen mit Vildoso in Cochabamba gesehen, am vierten August neunzehnhunderteinundachtzig, als Sie den Einsatz gegen die Aufständischen von Santa Cruz leiteten. Sie können das nicht leugnen; ich habe Sie gesehen. Antworten Sie!

B.: Ich war dort zu Besuch. Ich habe nicht an den Zusammenkünften teilgenommen.

S.: Sie lügen, verdammt noch mal! Sie haben den Ingenieur Fernando Getty vom Elektrizitätswerk verhört, der eine Stromsperre verursacht hatte. Erinnern Sie sich. Sie haben ihn in den Wassertank im Hof der Dritten Division stecken lassen, und er wäre fast ertrunken. Sagen Sie die Wahrheit.

B.: Ich wußte nicht, wer er war.

S.: Das waren Ihre Methoden, Nazimethoden. Sie haben die Folterer ausgebildet.

B.: Ich habe niemanden ausgebildet. Ich unterhielt mich nur mit den Chefs.

S.: Sie hatten gute Schüler. Wen kennen Sie in der Befehlssphäre? Antworten Sie!

B.: General Vargas.

S.: Den Chef der G-2 (Abwehr), General Angel Vargas?

B.: Nein, General Mario Vargas Salinas. Wir waren Freunde aus Cochabamba. Sein Bruder war unser Hausarzt. Sonst kenne ich niemanden.

S.: Warum haben Sie die Ermordung von Pater Espinal, Marcelo Quiroga und den Leuten aus der Harrington-Straße geplant?

B.: Davon weiß ich nichts.

S.: Sie haben für Arce Gómez gearbeitet.

B.: Ich habe ihn kennengelernt, ich glaube, im Generalstab. Ich erinnere mich nicht.

Gegen diese falsche Behauptung Barbies haben wir schriftliche Beweise: ein von ihm und Arce Gómez unterzeichnetes «Treueabkommen», in welchem sich Barbie verpflichtet, paramilitärische Gruppen mit Taten zu unterstützen und sich an jeder Art von Abwehroperationen zu beteiligen. Als Gegenleistung ernannte ihn Arce Gómez zum Oberstleutnant des Heeres «ehrenhalber». Wir werden das vollständige Dokument an anderer Stelle wiedergeben.

S.: Sagen Sie etwas über die «Verlobten des Todes», die von Ihnen organisierten Terroristen.

B.: Davon weiß ich nur aus der Presse.

S.: Mingolla und Ustarez sagen das Gegenteil.

B.: Ustarez war mein Anwalt. Mingolla habe ich einmal im Café «La Paz» gesehen.

S.: Und was ist mit dem Plan «Mohn»?

B.: Ich weiß gar nichts.

S.: Kennen Sie José Gregorio Loza?

B.: Ich habe etwas über ihn gelesen; ich glaube, er ist ein Archäologe, ein halb Verrückter.

S.: Er arbeitete mit Ihnen für Arce Gómez.

B.: Er arbeitete für Arce Gómez; ich nicht.

S.: Was war der Grund für das Massaker in der Harrington-Straße?

B.: Das weiß ich nicht.

S.: Und was wissen Sie?

B.: Daß Kasernen für die Militärs da sind, daß Zivilisten die Vorschriften beachten müssen.

S.: Also die hingerichteten Zivilisten, die Führer der MIR, haben die Vorschriften nicht beachtet, und deshalb haben Sie sie umbringen lassen?

B.: Das habe ich nicht gesagt. Man hatte jemanden bei ihnen infiltriert.

S.: Die MIR hatte Militärs in ihren Reihen, und das bedeutet für Sie Nichtbeachtung der Vorschriften; darum hat man sie umgebracht, stimmt es?

B.: Fragen Sie die anderen.

S.: Ich glaube, Sie irren sich, Barbie. Hier stelle ich Ihnen die Fragen. Und Sie antworten! Wer gab den Befehl?

B.: (Schweigt)

S.: Wer war der infiltrierte Militär? Antworten Sie!

B.: Das weiß ich nicht.

S.: Sie haben den Befehl gegeben; Sie sind ein Mörder. Sie haben nie aufgehört, einer zu sein.

B.: Ich habe niemanden ermordet.

S.: Sie haben nur geplant und befohlen. Scheißkerl! Sagen Sie mir den Namen des Spitzels.

B.: Ich kenne ihn nicht.

S.: Welche anderen Militärs aus der Befehlssphäre kennen Sie?

B.: Ich kenne niemanden. Sie wissen, daß ich es nicht sagen würde, selbst, wenn ich jemanden kennen würde. Es sind Freunde, deren Namen man, in Momenten wie diesem, vergißt. Ich bin kein Denunziant. Sie begehen einen Fehler. Sie verlieren Ihre Zeit.

S.: Das stimmt. Ich verliere meine Zeit. Wir müssen los. Sie kommen mit mir.

B.: Wohin bringt man mich?

S.: Warum haben Sie sich mit Drogenhandel befaßt?

B.: Das habe ich nie getan.

S.: Die «Verlobten des Todes» haben für Sie gearbeitet; sie haben geschmuggelt. Das können Sie nicht leugnen. Als Pagliai und delle Chiaie hierher kamen, haben Sie sie empfangen und organisiert. Antworten Sie.

B.: Ich hatte nie etwas mit Drogenschmuggel zu tun.

S.: Aber Ihre Freunde. Sie haben für Sie gearbeitet.

B.: Lüge!

S.: Der Lügner sind Sie! Ein Mörder und Schmuggler!

B.: Ich war Soldat. Ich habe Befehle befolgt. Ich bin kein Mörder.

S.: Sie haben in Lyon Dutzende von Menschen umbringen lassen. Sie haben Kinder ermordet, Frauen, Greise … Und jetzt tun Sie so, als seien Sie ein Heiliger.

B.: Ich bin kein Mörder. Ich war Soldat, habe Befehle ausgeführt. Sie gehörten zum feindlichen Lager. Ich war Soldat.

Sánchez erinnert sich, daß er nach diesem Gespräch sicher war, bei seinem Vorhaben, Barbie Enthüllungen zu entlokken, nicht sehr weit zu kommen. Der Deutsche hatte einen kalten Blick und fühlte sich seiner selbst sicher. Er antwortete, ohne die Stimme zu heben, und kein Muskel seines Gesichts zuckte. Wenn er die Hände rührte, störten ihn die Handschellen. Aber er kannte die Spielregeln: Wenn er sie bewegte, drückten sie nur um so mehr. Also legte er die Hände aneinander wie jemand, der beten will, und hielt sie ruhig. Sánchez ließ ihn in dem kleinen Raum allein, während er sich zum letztenmal mit dem Minister konsultierte. An der Tür hielten zwei Männer mit Maschinenpistolen Wache.

Ein Reisedokument für eine einzige Ausreise war bereits vorbereitet; es fehlte noch das legale Instrument für die Ausweisung. Im Kabinett des Ministers las man ein ums andere

Mal den Ministerialbeschluß, kraft dessen der Bürger Klaus Barbie, der keine Papiere besaß und von dem man annahm, daß er Deutscher war, als unerwünscht ausgewiesen wurde. Der Stellvertretende Sekretär der Ein- und Ausreisebehörde, Emilio Pérez, war ein ängstlicher Mann voller Vorurteile, der daran zweifelte, ob dies die beste Methode war, Barbie außer Landes zu bringen. Der Minister befahl ihm mit lauter Stimme, den Beschluß endlich zu unterschreiben. Schließlich griff Sánchez persönlich nach dem Stempel des Ministeriums und drückte ihn auf das Dokument. Das Original nahm er an sich. Dann teilte er dem Minister mit, er werde jetzt abfahren.

Minister Roncal beabsichtigte, kaum, daß sich die Hercules C-130 mit Barbie an Bord in der Luft befand, eine Pressekonferenz abzuhalten. Der Informationsminister begab sich zum internationalen Flughafen El Alto, um die dort wartenden Journalisten ins Büro seines Kollegen, des Innenministers, einzuladen; dann wollte er sich mit Sánchez auf dem benachbarten Luftwaffenstützpunkt treffen.

In der Garage im Keller, dort, wo einige Stunden zuvor seine Passagiere ausgestiegen waren, wartete das Auto, mit dem Barbie transportiert werden sollte, startbereit. Dasselbe Personal, das ihn aus seiner Zelle geholt hatte, begleitete ihn auf seiner letzten Fahrt auf bolivianischem Boden. Sánchez beschloß, keinen Geleitschutz mitzunehmen, um kein Aufsehen zu erregen. Sie fuhren ohne jede Eile ab. Die Passanten sahen einfach ein Auto mehr auf der Straße, eines von vielen. Man nahm nicht den direkten Weg: Von der Arce-Allee ging es zum Stadion von Miraflores, einmal um den Platz herum, die Straße Sánchez Lima entlang, vorbei an der Hauptkaserne des Heeres. Hier wollte man sehen, ob sich irgend etwas tat. Nichts: alles war ruhig. In der Straße Sánchez Lima fragte der Vizeminister Barbie, ob er diese Straße kenne. Barbie verneinte. Wieder begann das Verhör.

S.: Wie können Sie sich nicht an diese Straße erinnern, wenn Sie doch ein paar Ecken weiter ein Sicherheitshaus hatten, wo Sie unter Banzer die Verhafteten verhörten?

B.: Davon weiß ich nichts.

S.: Das Haus gehört den Eltern von Monika Ertl, die Sie im
     März neunzehnhundertdreiundsiebzig ermorden ließen.
     Ihre Eltern waren Deutsche. Der Alte war in Afrika, bei
     Rommel. Sie haben nicht einmal vor Ihren Landsleuten
     haltgemacht.

B.: Ich weiß nicht, wovon Sie sprechen.

S.: Was wissen Sie denn?

B.: Ich bin naturalisierter bolivianischer Bürger, ich befolge
     die Gesetze. Ihr Präsident persönlich, Dr. Siles, hat das
     Dekret unterschrieben. Ich habe nichts mit Politik zu
     tun gehabt.

Seine grünblauen Augen glänzten noch mehr im Innern des
Autos. Er gab sich herausfordernd. Sicher wollte er errei-
chen, daß Sánchez die Geduld verlor. Sehr ruhig fuhr der
Vizeminister fort:

Seit der Zeit des Präsidenten Barrientos mischen Sie sich
in die bolivianische Politik ein. Sie wurden nicht identifiziert. Sie haben das ganze Volk betrogen: Sie haben das
Geld für das Schiff in die eigene Tasche gesteckt. Sie sind
nicht nur ein Mörder, sondern auch ein Betrüger.

Hier bezieht sich Sánchez auf die Kampagne für den Kauf
eines Schiffes für Bolivien, ein Thema, das wir noch ausführlicher behandeln werden.

B.: Ich habe die «Transmarítima» liquidiert. Ich habe keine
     Rechnungen mehr offen.

S.: Eine doch: für Ihre Verbrechen.

B.: Was fällt Ihnen ein! Ich wiederhole: Ich bin kein Mör-
     der. Ich bin alt und müde.

S.: Was halten Sie in diesem Alter vom Tod?

B.: Der Tod ist grausam. Ich habe wegen des Todes meines
     Sohnes in Cochabamba gelitten. Meine Frau ist hier ge-
     storben. Sie sind beide in bolivianischer Erde begraben.
     Der Tod ist grausam; er ist sehr traurig. Ich habe mei-
     nen Sohn verloren.

S.: Sie erinnern sich an Ihren Sohn, daran, daß der Tod
     grausam ist. Haben Sie dasselbe gedacht, als Sie die
     französischen Kinder in den Tod geschickt haben? Da-
     mals war der Tod nicht grausam. Sie haben gemordet!

B.: Wohin bringt man mich?

S.: Nach Lyon. Erinnern Sie sich nicht des alten Sprichwortes, das besagt, daß der Mörder immer zum Tatort zurückkehrt? Sie werden zurückkehren nach Frankreich, das schwöre ich Ihnen.

B.: Dieses Land ist eine Demokratie. Wenn Sie mich fortbringen, verstößt das gegen die Gesetze. Die Regierung ist demokratisch. Sie dürfen das nicht tun!

Langsam wurde er unruhig. Er bewegte den Kopf hin und her; anscheinend wollte er sich besser orientieren. Als der Wagen die Autobahn nach El Alto nahm, schien er sich zu beruhigen. Möglicherweise dachte er, man würde ihn zu seiner eigenen Sicherheit in eine Kaserne der Armee, in die des Regiments Tarapacá, bringen, das seinen Sitz in El Alto hatte. Wer weiß, was in seinem Kopf vorging. Sánchez fuhr fort:

Zurück zu den Militärs. Es steht noch die Übergabe einer neuen Waffenlieferung an das Heer aus. Wann läuft die Frist ab?

B.: Davon weiß ich nichts. Ich habe nicht mit Waffen gehandelt, niemals. Das soll man mir beweisen.

S.: Und der Vertrag mit der Steyer? Und die Panzer, die Überfallwagen und die AUG-Maschinenpistolen? Was haben Sie dazu zu sagen?

B.: Ich habe keine Waffen geschmuggelt.

S.: Waffen nicht, aber Drogen ja, stimmt's?

B.: Niemals.

S.: Sie haben in meinem Lande Militärregierungen beraten, Sie haben mit allem möglichen gehandelt, sogar mit Menschenleben. Bereuen Sie es?

B.: Ich habe nichts zu bereuen.

S.: Und den Tod von Jean Moulin?

B.: Der gehörte zur Résistance. Ich war die Behörde. Wir befanden uns im Krieg, und im Krieg gewinnt man, oder man verliert.

Während der Fahrt auf der Autobahn regnete es stark, und Sánchez bat den Fahrer, die Geschwindigkeit zu drosseln.

Plötzlich merkte er, daß der Recorder nicht mehr lief. Ein schlimmer Fehler: Er hatte keine Kassette mehr. Aber Sánchez erinnert sich, daß einer der Offiziere, die neben Barbie saßen, diesen fragte: «Herr Altmann, stimmt es, daß Sie so viele umgebracht haben? Wie fühlt man sich, wenn man so kalt an alle diese Dinge erinnert wird?» Barbie antwortete: «Im Krieg treffen die Kugeln auf beiden Seiten. Die Résistance tötete, und wir mußten uns verteidigen.»

In der Ferne sah man die Lichter der Stadt La Paz. Dort blieben die Schüler des Verhafteten. Was ließ er zurück, dieser Mann, der sich auf die Demokratie berief und sie doch stets bekämpft hatte? Welche Saat hatte Barbie in zweiunddreißig Jahren in Bolivien gesät?

Am Luftwaffenstützpunkt gaben ihnen die Wachtposten ein Zeichen, anzuhalten. Der Vizeminister und die Offiziere wiesen sich aus. Ein vom Regen durchnäßter Offizier kam aus dem Wachhäuschen, grüßte militärisch und sagte: «Nichts Neues, Herr Vizeminister. Sie bekommen Geleitschutz.»

Ein Jeep der Luftwaffe fuhr dem Auto des Ministeriums voraus. Die Wagen hielten direkt in einem Hangar. Minister Rueda Peña erwartete sie, eine Zigarette im Mund. Seine blauen Augen schienen noch heller im Scheinwerferlicht des Geleitschutzwagens. Er trug eine Jacke und eine Mütze aus schwarzem Leder, die er sich im Exil gekauft hatte. Er sprach ein perfektes, akzentfreies Deutsch.

Klaus Barbie zitterte vor Kälte. Er trug eine Jeanshose und eine dünne, synthetische Jacke. Der Vizeminister bat einen der mit warmen, pelzgefütterten Jacken mit Kapuze bekleideten Polizisten, dem Nazi sein Kleidungsstück zu leihen. Dann brachte man ihn direkt zu Rueda Peña, der ihn auf deutsch begrüßte: «Guten Abend, Herr Kommandant.»

Barbie sah ihn aufmerksam an, setzte ein Lächeln auf und fragte: «Sind Sie Deutscher?» Als er keine Antwort erhielt, bohrte er nach: «Ich gehe nach Hause, nicht wahr?»

Er war noch immer davon überzeugt, daß man ihn nur nach Deutschland ausweisen konnte.

Rueda Peña begriff, daß Barbie sich geirrt und ihn für einen Deutschen gehalten hatte. Sein Äußeres war nicht sehr lateinamerikanisch. Der Minister setzte den Dialog fort:

«Und was würden Sie empfinden, wenn es so wäre, das heißt, wenn Sie nach Deutschland abreisen würden?»

«Dann wäre ich sehr glücklich, weil ich in meine Heimat zurückkehren würde.»

Es war offensichtlich, Barbie war der Meinung, er habe von der Justiz der Bundesrepublik Deutschland nichts zu fürchten. Doch gleich darauf verdüsterte eine andere Sorge sein Gesicht: «Aber wissen Sie, ich habe kein Geld für das Hotel.»

«Brauchen Sie das?»

«Natürlich. Außerdem durfte ich mein Köfferchen nicht mitnehmen. Ich muß einen Rasierapparat kaufen ...»

Rueda Peña wandte sich an Sánchez, der dem Gespräch zuhörte, ohne ein einziges Wort zu verstehen. «Er will Geld, um sein Hotel in Deutschland zu bezahlen. Er glaubt, man schickt ihn dorthin», klärte der Informationsminister seinen Freund auf.

«Sie reisen nach Frankreich», sagte Sánchez zu Barbie.

Der Nazi reagierte mit einem ungläubigen Lächeln. Plötzlich wütend geworden, zog der Vizeminister ein Bündel Hundert-Peso-Scheine aus der Tasche: «Sie wollen Geld? Hier haben Sie welches!»

«Diese Währung ist nichts wert», antwortete Barbie in aller Ruhe.

Die Antwort ließ nicht auf sich warten: «Durch Ihre Schuld, Sie Mistkerl! Sie haben mitgeholfen, die bolivianische Währung in den Schmutz zu treten. Sie und Ihre Komplizen, verdammt noch mal!»

Nach dieser kurzen Szene ging alles sehr schnell. Sánchez packte seinen Gefangenen am Arm und schob ihn in die hintere, offenstehende Tür des wartenden Flugzeugs. Der Arzt, der Journalist Soría, die Kameraleute und die Sicherheitsoffiziere waren bereits an Bord. Hydraulisch schlossen sich die Türen; die Motoren liefen bereits, und das Flugzeug rollte zur Startbahn.

Die Hercules C-130 gewann an Höhe. Der Pilot öffnete den Umschlag und gab der Besatzung die Anweisung: «Nach Cayenne.»

Minister Rueda Peña kehrte in die Stadt zurück, um den Präsidenten zu informieren.

Sánchez mußte seinem Minister berichten. Auf der Fahrt in die Stadt schaltete er das Radio an. Minister Roncal beantwortete gerade die Fragen der Journalisten, die sich über die mangelnde Zusammenarbeit mit den Medien beschwerten.

Danach rief Sánchéz Paris an. Die französische Botschaft war ihm schon zuvorgekommen. Debray kam an den Apparat und fragte, wie es gelaufen sei. «Die Fracht ist ohne Zwischenfälle abgeflogen», sagte Sánchez. Debray dankte ihm im Namen Frankreichs und seiner sozialistischen Regierung. «Der Präsident hat eine Sondermaschine geschickt, um ihn in Cayenne abzuholen. Es ist alles gut gegangen. Danke», schloß er.

Später erst, als Gustavo Sánchez mit Mario Rueda Peña über den bewegten Tag sprach, erfuhr er, daß Barbie nach dem Zwischenfall mit dem bolivianischen Geld erstmalig Besorgnis und Furcht gezeigt hatte. Auf deutsch hatte er den Informationsminister gefragt: «Wer ist dieser Mann? Er ist sehr hart.»

Kapitel II
Wer ist Gustavo Sánchez?

Wer ist Gustavo Sánchez Salazar, der Mann, dem es nach so vielen Jahren gelang, Klaus Altmann alias Barbie seinem ruhigen Zufluchtsort in Bolivien zu entreißen und ihn der französischen Justiz zu übergeben?

Gustavo Sánchez, von der Zeitschrift «Life» als «Mann mit dem traurigen Gesicht» beschrieben, wurde am 10. Juli 1928 in Totora, der Hauptstadt des Bezirks Carrasco in der Provinz Cochabamba, geboren. Er war ein Kind des Ehepaares Arturo Sánchez, Gutsbesitzer und mehrmals oberste politische Amtsperson des Bezirks, und Bernardina Salazar. Sein Vater, Mitglied der Liberalen Partei, starb im März 1931; dessen Witwe überlebte ihn um mehr als ein halbes Jahrhundert.

Gustavo besuchte zunächst die Schule in Totora, ging dann auf das Colegio Avaroa in Cochabamba und machte an der Universität von San Simón in Cochabamba den Abschluß als Agronom. Seit frühester Jugend zeichnete sich Sánchez durch sein Interesse am politischen Geschehen aus. Mit fünfzehn Jahren wurde er Mitglied der Jugendorganisation der Revolutionären Linken (MIR).

Es waren stürmische Zeiten. Bolivien hatte einen Krieg mit Paraguay hinter sich, der 1932 begann und bis April 1935 dauerte.

Hervorgerufen wurde der Konflikt durch die multinationalen Erdölunternehmen. Wie so oft in diesem Jahrhundert ließ die Standard Oil Blut fließen: In beiden Ländern gab es, zusammengenommen, hundertdreiundzwanzigtausend Tote. Beim Friedensschluß mußte Bolivien das ausgedehnte Gebiet El Chaco, in dem man Erdölreserven vermutete, an Paraguay abtreten.

Im Jahre 1949 war der Student Gustavo Sánchez Leitungsmitglied des örtlichen Studentenverbandes von Cochabamba. Seine Position als Mitglied einer linken Partei führte ihn in die Reihen derer, die die Interessen des Volkes verteidigten. Er beteiligte sich an dem Bürgerkrieg, der in diesem Jahr stattfand, und war, ein Gewehr in der Hand, in jener Nacht auf dem Platz des 14. September zugegen, als die Armee der rechtsgerichteten Regierung Mamerto Urriolagoitia ihn bombardierte. Das war seine Feuertaufe.

1950 wurde er von der Polizei festgenommen. Zum ersten-, aber nicht zum letztenmal betrat er ein Gefängnis. Drei Monate mußte er bleiben. Danach verbannte man ihn auf die Insel Coati im Titicacasee. Zwei Jahre später war er aktiv an der bürgerlich-demokratischen Revolution vom 9. April 1952 beteiligt. Er widmete sich der Organisation der Bauernschaft, die von der MNR (Revolutionäre Nationale Bewegung) eine Bodenreform forderte. «Wir hatten mehrere bewaffnete Zusammenstöße mit den Großgrundbesitzern von Cochabamba und Chuquisaca», erinnert sich der bolivianische Politiker und Journalist heute. «Es war eine heldenhafte Bewegung, die dafür sorgte, daß die erniedrigenden, beleidigenden und allen Menschenrechten widersprechenden Zustände in Stadt und Land beseitigt wurden. Die Nationale Revolution von neunzehnhundertzweiundfünfzig war ein Meilenstein in der Geschichte Boliviens.»

Ungeachtet seiner Jugend ernannte man Gustavo Sánchez zum Provinzkoordinator für die Bodenreform, und er befand sich in Ucurena in der Provinz Cochabamba, als dort das Gesetz über die Bodenreform unterzeichnet wurde. Das Volk erhielt das allgemeine Wahlrecht. Es wurde Schluß gemacht mit der schamlosen Ausbeutung, und zwei Feudalrechte wurden abgeschafft: das «mithanaje», das die Bauersfrauen zwang, acht Tage lang der Familie des Brotherrn, der außerdem das «Recht der ersten Nacht» für sich an Anspruch nahm, zu dienen, und das «pongueaje», demzufolge die Männer acht Tage lang für ihren Herrn und dessen Tiere arbeiten und sich in dieser Zeit auch noch selbst verpflegen mußten. Die Großgrundbesitzer wandten Mithanaje und Pongueaje bis dahin traditionsgemäß gegenüber allen auf ihren Ländereien angesiedelten Bauernfamilien an.

31

Während der darauffolgenden zehn Jahre unterstützte der junge Agronom aus Cochabamba die Festigung der Arbeiterorganisationen und griff, mehr als einmal, zu den Waffen, wenn die Aprilrevolution in Gefahr geriet. Aufgrund dieser Kämpfe verbrachte er im Jahre 1961 eine gewisse Zeit in einem Konzentrationslager in Puerto Villaroel, wo er mit hervorragenden Führern der politischen Linken und der Bolivianischen Arbeiterzentrale (COB) zusammentraf. Man beschuldigte ihn, einen kommunistischen Putsch vorbereitet zu haben. Als die Regierung nach fünf Monaten Haft seine Freilassung anordnete, verweigerte man ihm das Recht, in staatlichen Unternehmen tätig zu sein, und wies ihm Santa Cruz als obligatorischen Wohnsitz zu. Dort arbeitete Sánchez als Korrektor, Reporter, Redakteur und schließlich als stellvertretender Direktor der örtlichen Zeitung «Progreso» und begann auf diese Weise seine Journalistenlaufbahn.

1962 ernannte die in Cochabamba erscheinende Zeitung «El Mundo» ihn zu ihrem Korrrespondenten in Santa Cruz, und einige Monate später nahm ihn auch «El Diario de la Paz» in den Stab ihrer Provinzkorrespondenten auf. Er gründete die Genossenschaft der Morgenzeitung «Extra» von Cochabamba und wirkte zur selben Zeit als Korrespondent der in La Paz ansässigen nationalen Nachrichtenagentur «Fides».

Gegen Ende des Jahres 1963 bekam Sánchez eines Morgens im Büro der Redaktion «Progreso» überraschend Besuch von zwei Ausländern. Eine brünette junge Frau mit zartem Teint und glattem schwarzem Haar, die sehr einfach gekleidet war, reichte ihm die Hand und stellte sich als «Elizabeth» vor. Ihr Gefährte, ein junger Mann mit braunem Haar und hellen, sehr lebhaften Augen, trug einen Pullover lose über die Schultern gelegt und hatte eine Aktenmappe bei sich. Die Besucher waren die Venezolanerin Elizabeth Burgos und der Franzose Régis Debray, die erst wenige Stunden zuvor in die Stadt gekommen waren.

«Hallo, ich habe hier eine Karte für dich, von einem gemeinsamen Freund», sagte der junge Mann und übergab Sánchez die Nachricht. Sie stammte von René Rocabado Alcócer, einem engen Freund Sánchez'. Er ist Jour-

nalist, Forscher, Professor und lebt heute in der Sowjetunion.

Aus diesem Zusammentreffen entstand eine feste Freundschaft. Bei ihren Fahrten durch Santa Cruz unterhielten sie
sich ausführlich, und Sánchez stellte Elizabeth Burgos und
Régis Debray bedeutende Persönlichkeiten des damaligen
politischen Lebens vor.

In den vorangegangenen Jahren war es vielen Bauernge-
werkschaften, Sonder- und Provinzverbänden und schließlich sogar dem Gewerkschaftsverband der Bauern und Land-
arbeiter Boliviens (F.S.T.C.B.) gelungen, als juristische
Körperschaft anerkannt zu werden. Der langwierige Kampf
der Aprilrevolution trug nun langsam Früchte. Doch auf der
anderen Seite begannen einige Militärs aufgrund innerer
Probleme, persönlichen Ehrgeizes und aus der Furcht vor einer wahren demokratischen Umgestaltung von Staat und
Gesellschaft in Bolivien, mit Unterstützung der CIA und des
Pentagons Verschwörungen anzuzetteln. Putsch und Gegenputsch lösten einander ab, bis im Jahre 1964 General René
Barrientos Ortuno als Sieger hervorging. Obwohl er die Re-
gierungsmacht mittels eines Putsches übernommen hatte,
konnte er auf die Unterstützung breiter Schichten der Bevölkerung zählen.

Während seiner Regierungszeit hatte die Armee den ersten Zusammenstoß mit der Guerilla des Comandante Che
Guevara – ein Ereignis, von dem in einem anderen Kapitel
die Rede sein wird. Gustavo Sánchez reiste als Berichterstat-
ter in die umkämpfte Zone. Er gehörte zu den etwa hundert
Journalisten aus aller Welt, die in die abgelegene Ortschaft
Camiri kamen, um über den Beginn des Prozesses gegen Régis Debray, den Argentinier Ciro Roberto Bustos und eine
Gruppe aus der Guerilla desertierter Bolivianer zu berichten. Er befand sich in Valle Grande, als dort die Leiche des
Che aus La Higuera eintraf. Nachdem das Militärgericht Debray und die anderen verurteilt hatte, kehrte Sánchez nach
Cochabamba zurück. Zusammen mit dem bekannten Journalisten Luis J. González, einem Paraguayer, der Chefkorre-
spondent von «El Diario» in Cochabamba war, verfaßte und
veröffentlichte Sánchez das Buch «The great rebel», die Geschichte des Che und seiner Guerilla.

Der bolivianische Journalist besuchte seinen Freund Debray, unter dem Vorwand, professionelle Interviews zu führen, mehrere Male im Gefängnis. In Wirklichkeit prüfte er die Möglichkeiten, ihn zu befreien. Er war auch zugegen, als der Freund Elizabeth Burgos heiratete. Aber das Vorhaben, den jungen Franzosen ohne Beteiligung irgendwelcher Militärs aus Camiri zu befreien, war riskant.

Am Sonntag, dem 27. April 1969, verbrannte Präsident Barrientos, als der Hubschrauber, mit dem er über Land flog, verunglückte. Das Leitwerk der Maschine verfing sich in einem Stahlkabel, das über den Arquefluß gespannt war; das Kabel hielt den Hubschrauber fest, wirkte wie ein Katapult und schleuderte ihn ins Flußbett, wo er zerschellte. Alle Insassen kamen ums Leben. Einige Personen, vor allem die Angehörigen von Frau Barrientos, versuchten zu beweisen, daß es sich dabei um ein Verbrechen handelte, aber Sánchez meint, das sei nicht der Fall gewesen. Das Kabel habe Bolivien vor einer langen Diktatur gerettet, und das bolivianische Volk zitierte sein Sprichwort: «Gott weiß, was er tut.»

Nach dem Tode von Barrientos führte bis zum September desselben Jahres Vizepräsident Luis Adolfo Siles Salinas die Regierungsgeschäfte. Am 26. September 1969 übernahm der fortschrittliche Militär General Alfredo Ovando Candia im Auftrag der Streitkräfte das Präsidentenamt und bildete, um der Krise Herr zu werden, ein Kabinett aus jungen Politikern. Eine seiner ersten Maßnahmen war die Wiederherstellung der von Barrientos abgebauten Bergarbeiterlöhne. Gleichzeitig verstaatlichte er das nordamerikanische Erdölunternehmen Bolivian Gulf Co., was ihm der Imperialismus nie verzeihen sollte. Die Gewerkschafts- und Bauernorganisationen erklärten ihn zu ihrem Anführer.

Gustavo Sánchez unterstützte die Präsidentschaft General Ovandos ohne Vorbehalte. Oftmals begleitete er den Würdenträger auf seinen Reisen ins Landesinnere, und immer, wenn es ihm günstig erschien, brachte er die Haftentlassung seines französischen Freundes Régis Debray zur Sprache. Ovando antwortete nie mit einer direkten Ablehnung, tat aber auch nichts, um den Häftling freizulassen. Allerdings übergab er Sánchez Befehle, die mit der Unterschrift des

Präsidenten versehen waren und es ihm gestatteten, mit Debray zu sprechen.

Elizabeth Burgos besuchte ihren Mann alle dreißig oder fünfundvierzig Tage. Wenn sie ins Land kam, kümmerte sich Sánchez um sie und gewährte ihr im Hause seiner Familie Unterkunft. Der Journalist machte sich wegen der offensichtlichen Tatsache, daß die Besucherin überwacht wurde, keine Sorgen.

An einem Juniabend des Jahres 1970 hatte Elizabeth im Hause von Jorge Gallardo, dem Privatsekretär des Präsidenten, ein Gespräch mit Ovando, das Sánchez zustande gebracht hatte. Elizabeth Burgos informierte den Präsidenten über die von den argentinischen «Gorillas» geförderten Vorbereitungen zu einem Putsch gegen seine Regierung. Im Oktober 1970 kam es auch wirklich zu diesem Putsch, und die Unterstützung der Hintermänner war offensichtlich.

Für die Dauer von sechs Stunden wurde das Land von einem Triumvirat unter Führung des Militärrichters General Efrain Guachalla, der Debray verurteilt hatte, regiert. Dann lösten erneut Putsch und Gegenputsch einander ab, bis General Juan José Torres mit Hilfe der machtvollen Bolivianischen Arbeiterzentrale und kleiner Teile der Armee die Geschicke des Landes in die Hand nahm.

Die Amtszeit von General Torres zeichnete sich vor allem durch ihren nationalen, volksfreundlichen Charakter aus. Das Bergwerk «Matilde», einer der wichtigsten Zinnproduzenten, wurde verstaatlicht, und es wurde die Asamblea Popular, die Volksversammlung, zugelassen, eine Art Arbeiterparlament oder Sowjet. Von diesem Forum aus bombardierten die Ultralinken und die Anarchosyndikalisten Torres mit absurden Forderungen, die einer offenen Provokation gleichkamen.

Sánchez setzte seine geduldige Arbeit für die Freilassung Debrays fort und nutzte dabei die ausgezeichneten Verbindungen seines Bruders Rubén zu Präsident Torres. Rubén Sánchez war Kommandeur einer Kompanie des Roten Regiments Boliviens, das für die Sicherheit des Präsidentenpalastes verantwortlich war. So gelang es Gustavo Sánchez, vom Präsidenten einen Befehl zu erwirken, der Régis Debray die

Freiheit schenkte. Ein Flugzeug der Bolivianischen Luftwaffe brachte den Franzosen in die chilenische Hafenstadt Iquique.

Im November 1970 ernannte Juan José Torres Gustavo Sánchez zum Präfekten der Provinz Cochabamba. Als oberster Amtsträger der Provinz versuchte der neue Präfekt, Schmuggler aller Art zu verfolgen und zu bestrafen. Offenbar beeinträchtigte er mit diesem Kampf starke Interessen einiger enger Mitarbeiter des Präsidenten, darunter die des Innenministers Jorge Gallardo.

Als Reaktion darauf behauptete im April 1971 «ein junger Zeuge», der damalige Mayor Faustino Rico Toro und der Journalist Gustavo Sánchez als Präfekt von Cochabamba seien Urheber oder Komplizen der Ermordung des ehemaligen Bauernführers Jorge Solís gewesen, die sich zur Zeit der Präsidentschaft von General Ovando ereignet hatte. Sánchez reagierte mit dem sofortigen und unwiderruflichen Rücktritt von seinem Amt. Dann stellte er sich der Justiz zur Verfügung. Die rechtsgerichtete Presse griff ihn mit all ihrer Macht außerordentlich heftig an, und der Richter, Dr. Arnez, ein ängstlicher Greis, ordnete Untersuchungshaft an. Wieder einmal landete Gustavo Sánchez im Gefängnis. Einige Tage später brach Mayor Rico Toro, der in Buenos Aires einen Generalstabskursus besuchte, sein Studium ab und meldete sich in Cochabamba, wo er ebenfalls ins Gefängnis geworfen wurde.

Gemäß den Gesetzen beantragte Sánchez seine Freilassung, und Rechtsanwalt Alfredo Mendizábal, der die Angelegenheit bis vor das Oberste Gericht brachte, gewann das Verfahren zur Haftentlassung gegen den Innenminister von General Torres.

Am 3. August 1971 wurden die beiden Beschuldigten freigelassen, nachdem sie die Häuser Rico Toros und der Familie Sánchez als Kaution gestellt hatten. Unterdessen war die Konspiration gegen General Torres ein offenes Geheimnis geworden, und die Verschwörer versuchten, mit den Entlassenen in Verbindung zu treten. Aber diese beteiligten sich nicht an dem Putsch, durch den General Torres schließlich am 11. August gestürzt wurde. Der ehemalige Präsident und seine Mitarbeiter gingen ins Exil.

Der siegreiche Putsch der Rechten brachte Oberst Hugo Banzer Suárez an die Macht, einen Mann deutscher Abstammung, der die Unterstützung der machtvollen und wirtschaftlich starken deutschen Kolonie Boliviens besaß. Auf seiner Seite standen auch die MNR von Victor Paz Estenssoro und die Bolivianische Sozialistische Falange (FSB) von Mario Gutiérrez Gutiérrez. Beide Parteien waren im Ministerkabinett vertreten, teilten die Leitung staatlicher und halbstaatlicher Körperschaften unter sich auf und intervenierten in den Universitäten.

Repression wurde organisiert. Tausende von Bolivianern wurden festgenommen, verbannt oder des Landes verwiesen. Paramilitärische Gruppen drangen in Privathäuser ein und bemächtigten sich aller nur möglichen Wertgegenstände. Täglich wurden Menschen entführt und ermordet. Die Kasernen verwandelten sich in Gefängnisse; Konzentrationslager entstanden, wie die von Achocalla und Chonchocoro oder in der Bolívarkaserne. Selbst die Verwaltung für Politische Ordnung (DOP) in der Illimani-Straße in La Paz wurde für diese Zwecke hergerichtet.

Einigen politischen Führern gelang es, in verschiedenen Botschaften Asyl zu erhalten, von wo aus sie dann den Weg ins Exil antraten.

Die CIA und die Geheimdienste Brasiliens fungierten als Berater paramilitärischer Gruppen. Ausländische Revolutionäre, die während der Amtszeit von Ovando und Torres Zuflucht in Bolivien gefunden hatten, wurden festgenommen und ermordet oder an die Diktaturen Argentiniens und Brasiliens ausgeliefert. Mit besonderem Eifer verfolgten die Büttel die Überlebenden der Nationalen Befreiungsarmee (ELN).

Auch auf den ehemaligen Präfekten von Cochabamba, den Journalisten Gustavo Sánchez, setzte eine wilde Jagd ein. Das Haus, das seine Mutter und seine Kinder bewohnten, wurde überfallen und geplündert. Seine beiden ältesten Söhne, die bereits die Universität besuchten, wurden verfolgt. Während des Putsches wurde sein Neffe Rubén, der Sohn seines Bruders, ermordet. Er starb in den Armen des ältesten Sohnes von Gustavo Sánchez.

Nach der Beisetzung seines Neffen gelang es Gustavo Sánchez, über die peruanische Grenze nach Lima zu entkommen. Von dort siedelte er am 18. September 1971 nach Santiago de Chile über. Am nächsten Tag, dem 19., gewährte Präsident Allende ihm in seiner Privatresidenz in Las Condes ein Interview.

Im November 1971 konnten Sánchez' zwei ältesten Söhne Bolivien verlassen. Im Hafen Arica, im Norden Chiles, kam es zu einem Wiedersehen mit dem Vater. Die beiden anderen Kinder waren noch klein; sie gingen zur Schule und waren nicht in Gefahr. Am Ende desselben Jahres reisten die jungen Männer nach Kuba, wo die Revolutionäre Regierung ihnen Studienplätze angeboten hatte. In Havanna machten sie ihren Abschluß als Ökonom beziehungsweise Hydraulikingenieur.

Im darauffolgenden Jahr nahm Gustavo Sánchez seinen festen Wohnsitz in Arica, hielt aber weiterhin Kontakt zu den in der Hauptstadt lebenden bolivianischen Emigranten. Der Schutz all jener, die vor der Banzer-Diktatur flohen, wurde organisiert. Der faschistische Putsch Pinochets am 11. September 1973 überraschte Sánchez in Arica und zwang ihn, in aller Eile nach Tacna, auf der anderen Seite der Grenze zu Peru gelegen, zu fliehen. Der faschistische Putsch in Chile war ein Schlag für die Bolivianer, von denen Dutzende in diplomatischen Vertretungen Zuflucht suchten, um ihr Leben zu retten. Mehrere seiner Landsleute wurden brutal ermordet.

Wie die Mehrheit der Bolivianer, denen es gelang, aus Chile herauszukommen, landete er schließlich in Argentinien. Die Ankunft von Sánchez und anderen Emigranten in Buenos Aires erweckte die Aufmerksamkeit antikommunistischer Gruppen. Offensichtlich wurden die Wohnungen der Emigranten überwacht, und viele erhielten Drohungen aller Art.

Jeden Morgen besuchte Expräsident Juan José Torres Gustavo Sánchez, um Kaffee zu trinken. Er kam stets sehr früh, um sieben Uhr. Sein ständiger Begleiter war Mario Rueda Peña. Einige Freunde warnten sie, ihr Leben sei in Gefahr, vor allem das von Torres. Angesichts der schwierigen Lage beschloß Gustavo Sánchez, Argentinien zu verlassen und siedelte nach Panama über.

Juan José Torres wurde von der «Triple A» in Komplizenschaft mit der Regierung Banzer entführt und grausam ermordet. Seine von Kugeln durchlöcherte Leiche fand man auf einer Müllhalde. Die Witwe, Emma Obleas, brachte sie nach Mexiko, wo sie bestattet wurde. Erst unter der Regierung von Dr. Hernán Siles Zuazo durften seine sterblichen Überreste nach Bolivien überführt werden, wo sie am Ehrenmal der Helden auf dem Gualberto-Villaroel-Platz in Miraflores, La Paz, beigesetzt wurden.

In Panama arbeitete Gustavo Sánchez bei einer Handelsfirma in Colón. Dort trafen ihn bolivianische Militärs, die in der Kanalzone, einem damals von den USA besetzten Territorium, Kurse in der «Schule beider Amerikas» absolvierten. In manchen Fällen suchte auch Sánchez den Kontakt zu ihnen.

In Colón schloß der bolivianische Emigrant neue Freundschaften oder festigte die Beziehungen zu Personen, die er schon in der Heimat gekannt hatte. Diese Verbindungen sollten ihm bei späteren Gelegenheiten sehr nützlich sein. Außerdem hatte er von seinem neuen Wohnort aus die Möglichkeit, mittellosen Landsleuten zu helfen. Gemeinsam mit einem ehemaligen Minister unter General Torres unterstützte Sánchez die Finanzkampagne der Demokratischen Volksunion (UDP), einer von Dr. Hernán Siles Zuazo organisierten politischen Front.

In der Freihafenzone von Colón gründete Gustavo Sánchez ein eigenes Unternehmen, dem er, beseelt von brennendem Heimweh, den Namen Tunari Export S.A. gab. Heute erinnert er sich, daß es «kein schlechtes Geschäft war, weil es seinen Zweck erfüllte». Aber die völlige Unkenntnis der Finanzwelt zwang ihn, die Operationen einzustellen, «nicht, ohne vorher die Sozialzuwendungen für meine Sekretärin, den Chauffeur und den Boten – das gesamte Personal der Tunari Export –, gezahlt zu haben».

Ende 1978 reiste Sánchez nach Kuba, wo er bei Radio Havanna Cuba seine journalistische Tätigkeit fortsetzte. Er blieb dort bis 1982. Seine Rückkehr nach Bolivien und sein Einsatz bei der Ausweisung Barbies sind schon bekannt.

Aber nicht nur Gustavo Sánchez kämpfte darum, Bolivien von dem sich versteckt haltenden Kriegsverbrecher zu befreien. Tausende Kilometer entfernt, in Paris, war eine mit einem französischen Juden verheiratete junge Deutsche seit einem Jahrzehnt auf der Jagd nach dem «Schlächter von Lyon». Beate Klarsfeld hat ihr Leben der Aufgabe geweiht, ehemalige Nazis zu entlarven, von denen viele in der Bundesrepublik Deutschland hohe Ämter bekleideten.

Kapitel III

Die Nazi-Fängerin

«Alle meine Probleme traten auf, als diese Frau nach La Paz kam», sagte Barbie in den siebziger Jahren in einem Interview.

«Diese Frau» – das war Beate Klarsfeld, die mit dem französischen Anwalt Serge Klarsfeld verheiratete Deutsche. Die beiden lernten sich an einem Frühlingsmorgen in einer Pariser Metro-Station kennen. Serge betrachtete voller Bewunderung das gutgewachsene einundzwanzigjährige Mädchen mit dem rötlichen Haarschopf und den braunen Augen. Beate trug eine französische Grammatik in der Hand; sie arbeitete als Au-Pair-Mädchen in Paris.

Das Au-Pair-System besteht darin, daß ein junges Mädchen, das die Sprache und die Sitten eines Landes kennenlernen will, dort bei einer Familie lebt, als sei es eine Tochter des Hauses. Es hat bestimmte Hausarbeiten zu erledigen oder sich um die kleineren Kinder zu kümmern; im Gegenzug erhält es Unterkunft und Essen sowie ein kleines Taschengeld. Es ist durchaus kein Dienstmädchen; es ißt mit der Familie, wird den Besuchern vorgestellt und hat die Nachmittage zur freien Verfügung, um einen Sprachkurs zu besuchen oder durch die Stadt zu bummeln.

Serge hielt sie zunächst für eine Engländerin und lud sie ein, sich mit ihm im Kino den Film «Sonntags nie» anzusehen. Bald erwiderte Beate die Gefühle des jungen, zweiundzwanzigjährigen Jurastudenten, dessen Vater in den Gaskammern von Auschwitz umgekommen war. Drei Jahre später heirateten sie.

Beate Klarsfeld, die 1939 geboren wurde, hat die Schrekken des Zweiten Weltkrieges nicht wirklich erlebt. Als die Wahrheit über die Konzentrations- und Vernichtungslager enthüllt wurde, war sie ein sechsjähriges Kind. Dennoch spürte sie in der Tiefe ihrer Seele die Scham und die Schande, einer Nation anzugehören, in deren Namen derartige Greueltaten verübt wurden. Serge und Beate widmeten sich der Jagd auf alte, auf fünf Kontinenten versteckt lebende Kriegsverbrecher.

Um ihrer Tätigkeit internationalen Widerhall zu verleihen, zögerte Beate Klarsfeld nicht, Spektakel zu veranstalten oder sich lächerlich zu machen – solange sie dadurch Publizität erzielte. Ein Beispiel für ihr Vorgehen, das – noch vor der Barbie-Affäre – weltweit am meisten bekannt wurde, lieferte sie, als sie am 7. November 1968 in der Westberliner Kongreßhalle den Bundeskanzler Kurt-Georg Kiesinger ohrfeigte, nachdem sie ihm monatelang auf den Fersen gewesen war.

Damit wollte Beate ihre Abscheu vor der Tatsache ausdrücken, daß ihr Land von einem ehemaligen Nazi regiert wurde. Diese Szene, vom deutschen Fernsehen gefilmt, erregte weltweites Aufsehen. Vorher hatten die Klarsfelds der gesamten Presse Mappen mit handfesten Beweisen dafür zukommen lassen, daß Kiesinger während des Dritten Reichs Direktor des Rundfunk-Propagandaapparates Hitlers gewesen war. Ein Jahr später verlor Kiesinger die Wahlen und gab sein Amt an Willy Brandt ab, der während der schändlichen Nazizeit als Regimegegner im norwegischen Exil gelebt hatte.

Die Klarsfelds handeln weder für Geld noch aus persönlichem Interesse; ihr Ziel ist es, Gerechtigkeit zu erzwingen. Beate mangelt es weder an Mut noch an Ideen und ganz sicher nicht an Beweglichkeit. Serge hilft ihr in den gesetzlichen Aspekten. Das Paar kämpft gegen das Vergessen an, nicht aus persönlicher Rachsucht, sondern um die Nachlässigkeit der Gerichte, die Schwäche der Behörden in der Bundesrepublik Deutschland und deren Tendenz sichtbar zu machen, alles zu vergessen und die schlimmsten Verbrechen gegen die Menschheit ungesühnt zu lassen.

Am 25. Juli 1971 beginnt die Konfrontation Beate Klarsfeld–Klaus Barbie. Dieser lebt ruhig, ohne zu ahnen, welche Lawine da auf ihn zukommt, in Lima und in La Paz, wo er jeweils ein luxuriöses Haus besitzt und sich lukrativen

Geschäften widmet. An jenem heißen Julitag durchforstet Beate in Paris, im Zeitgenössischen Jüdischen Dokumentationszentrum CDJC, einige Dokumente. Der Direktor des Zentrums reicht ihr ein zehn Seiten umfassendes Heftchen: «Ich glaube, dies wird Sie interessieren ...»

Es handelt sich um die Fotokopie eines Urteilsspruchs vom 22. Juni 1971, der mit dem Entscheid des Münchner Staatsanwalts Rabl endet, den Fall Barbie zu den Akten zu legen. Eine Vereinigung von Opfern des Naziregimes hat Mitte 1960 einen Prozeß gegen den Verbrecher einleiten können. Dies ist nun das Endergebnis: Das Verfahren wird eingestellt.

Beate Klarsfeld begreift sofort, hier handelt es sich um einen gefährlichen juristischen Präzedenzfall. Rabl begründet seine Entscheidung damit, Barbie habe nichts von dem künftigen Schicksal der Deportierten – den Gaskammern – gewußt. Mit ebendiesem Argument können alle Nazischergen rehabilitiert werden, die Frankreich in den vierziger Jahren heimgesucht haben. Außerdem hat das Münchner Gericht nicht berücksichtigt, daß Barbie zweimal, im Mai 1947 und im November 1954, vom Militärgericht von Lyon zum Tode verurteilt worden war – beide Male in Abwesenheit.

Die Klarsfelds beschließen, den Kampf aufzunehmen. Der erste Schritt: die Wiederaufnahme des Verfahrens durch die bayerischen Gerichte erwirken. Noch in der Nacht macht sich Beate daran, das Dokument ins Französische zu übersetzen und die schlecht leserliche Originalfassung abzuschreiben. Das Paar beschließt, die Kampagne in drei Etappen durchzuführen: Sammlung und Verbreitung einer möglichst vollständigen Dokumentation über den Fall Barbie, Mobilisierung der französischen und der deutschen Öffentlichkeit, Auftreten vor dem Münchner Gericht.

So beginnt eine Zeit sorgfältigster Nachforschungen in den Archiven des CDJC, in denen Tausende von Originaldokumenten der Gestapo aufbewahrt werden. Immer mehr von Barbie unterschriebene Berichte über die Judenverfolgung kommen zum Vorschein. Nach einer gewissen Zeit haben die Nazifänger ein solides Dossier von sechzig Seiten zusammengestellt, das fotokopiert und an die Presse verteilt wird. Insgesamt zweihundert Exemplare werden an alle internationalen Nachrichtenagenturen, an die wichtigsten Presseorgane der Bundesrepublik Deutschlands und Frankreichs, an die Vereinigungen ehemaliger Widerstandskämpfer der Region Lyon und an die Behörden beider Länder geschickt.

Beate erwirkt über das Pariser Korrespondentenbüro der Lyoner Zeitung «Progrès», daß diese mit großen Schlagzeilen verkündet: «Der deutsche Staatsanwalt läßt die Anklage gegen Klaus Barbie, Gestapochef von Lyon und Mörder Jean Moulins, fallen.» Die Kampagne geht weiter und wird immer machtvoller. Die Agentur AFP macht das Thema zu einer internationalen Nachricht. Beate reist nach Lyon, während Serge in den Archiven des CDJC neue Exekutionslisten findet. Eines dieser Dokumente enthält die Namen der Kinder, die aus dem Kinderheim von Izieu deportiert und in den Gaskammern von Auschwitz ermordet wurden.

Zu ihnen gehörten die drei Geschwister Jacques (13), Richard (6) und Jean Claude (5) Benguigui. Der Name des Bruders von anderen Kindern aus Izieu, Alexandre Halaunbrenner, steht im Telefonbuch. Beate ruft ihn an. Es stellt sich heraus, daß er Frau Fortunée Benguigui, die Mutter der drei Jungen, kennt.

Beate sucht sie auf. Frau Benguigui selbst wurde im Mai 1943 nach Auschwitz deportiert, wo sie auf schändlichste Weise gefoltert wurde. Sie ist Invalidin und lebt von einer kleinen Rente. Im Konzentrationslager hielt sie die Hoffnung am Leben, ihre drei Kinder befänden sich im Waisenhaus von Izieu außerhalb jeder Gefahr ... bis sie im Frühjahr 1944 in einem Kleiderhaufen von Opfern der Gaskammern einen Pullover entdeckte, den sie selbst für ihren Sohn Jacques gestrickt hatte.

Beate erklärt Frau Benguigui, der Mann, der die Schuld am Tode ihrer Kinder trägt, wurde gerade in Deutschland rehabilitiert, und bittet sie, mit ihr nach München zu reisen, um dagegen zu protestieren.

Eine Delegation aus Lyon wird in München von Staatsanwalt Dr. Manfred Ludolph empfangen, der jedoch nichts verspricht. Beate Klarsfeld und Fortunée Benguigui bleiben in München und beginnen am nächsten Tag auf der Freitreppe zum Gerichtsgebäude einen Hungerstreik. Es regnet und ist kalt. Die alte Frau hält ein vielfach vergrößertes Foto ihrer drei ermordeten Kinder in den Händen, und beide zeigen Plakate, die sie in ihrem Hotelzimmer improvisiert haben. Auf dem Plakat der Frau Benguigui heißt es: «Ich setze den Hungerstreik fort, solange das Verfahren gegen Klaus Barbie, den Mörder meiner drei Söhne, nicht wiederaufgenommen wird.» Und auf Beates Plakat ist zu lesen: «Staatsanwalt Rabl rehabilitiert Kriegsverbrecher.»

Junge Deutsche umringen die beiden Frauen. Mehr als einer bringt eine warme Decke, um sie vor der Kälte zu schützen. Um sechs Uhr nachmittags kapituliert Staatsanwalt Manfred Ludolph und willigt ein, sie zu empfangen. An den Dialog erinnert sich Beate folgendermaßen:

«Was wünschen Sie?»

«Die Wiederaufnahme des Prozesses gegen Barbie.»

«Dafür braucht man eindeutige Beweise.»

«Haben Sie das Dossier gelesen, das ich Ihnen gestern geschickt habe?»

«Ich hatte noch keine Zeit dazu.»

«Nun gut, dann ist dies der richtige Augenblick.»

Ludolph liest bis zu der Seite, auf der die Klarsfelds die Aussage von Dr. Schendel, einem alten Juden, wiedergeben, der im Jahre 1943 Mittelsmann zwischen der UGIF (Vereinigung Französischer Juden) und den Besatzungsbehörden war. Schendel erklärt, er habe gehört, wie ein anderes Leitungsmitglied der UGIF, ein Anwalt namens Raymond Geissmann, bemerkte, er habe Barbie sagen hören: «Für einen Juden ist es dasselbe, ob er deportiert oder erschossen wird.»

«Dies ist ein Dokument von höchster Wichtigkeit», sagt Ludolph. «Wenn Doktor Schendels Informant, der direkte Zeuge der Worte Barbies, gefunden werden kann, und wenn er unter Eid bestätigt, was Barbie gesagt hat, dann werde ich das Verfahren wiederaufnehmen.»

«Geben Sie uns dieses Versprechen schriftlich», fordert Beate.

«Meine Sekretärin ist bereits gegangen.»

Beate Klarsfeld setzt sich an die Schreibmaschine und sagt, sie selbst sei nun die Sekretärin. Ludolph diktiert ihr ein feierliches Versprechen, den Fall wiederaufzunehmen, falls man den Zeugen findet, der Barbies Satz gehört hat, «denn dies würde beweisen, daß der Beschuldigte auf jeden Fall um den Tod seiner jüdischen Opfer wissen mußte».

Die Klarsfelds haben Glück. Ein Blick ins Telefonbuch genügt, um den Anwalt Raymond Geissmann aufzuspüren, der bestätigt, er habe Barbie inmitten einer Hetztirade auf die Juden diesen Satz sagen gehört. Wie gewohnt, beruft Beate eine Pressekonferenz ein, bevor sie nach München fliegt und die eidesstattliche Erklärung abgibt. Ludolph liest umgehend das von Beate ins Deutsche übersetzte Dokument und diktiert seiner Sekretärin den Entscheid, das Verfahren wiederaufzunehmen. Gleichzeitig überreicht er Beate zwei Fotografien von Barbie aus dem Jahre 1943 – eine im Profil, die andere von vorn aufgenommen – und das Bild einer um einen Tisch herum sitzenden Gruppe von Geschäftsleuten, das im Jahre 1968 gemacht wurde.

«Man nimmt an, daß dies Barbie ist», sagt Ludolph und zeigt auf eines der Gesichter. «Vielleicht können Sie uns helfen, das nachzuprüfen ... Das Foto wurde in La Paz, in Bolivien, aufgenommen.»

Beate versucht, das Foto von einer Pariser Zeitung abdrucken zu lassen, aber der Direktor ist voller Skrupel: «Unsere Rechtsberater empfehlen, es nicht zu veröffentlichen. Wenn es sich herausstellt, daß der von uns verdächtigte Mann nicht Barbie ist, kann er uns auf Schadenersatz verklagen.»

Die hartnäckige Frau Klarsfeld wendet sich nun an das anthropometrische Amt der Regierung. Der Amtsvorsteher analysiert die Fotografien, sagt, es gäbe viele identische Details und es sei durchaus möglich, daß es sich um ein und denselben Mann handelt, aber er weigert sich, diese Meinung schriftlich festzuhalten. Dennoch informiert Beate Ludolph, und dieser lädt sie nach München ein, um den Fall zu besprechen.

Der Staatsanwalt rät ihr, zu einem in Lima lebenden Deutschen Kontakt aufzunehmen, der in einer von ihm bezogenen deutschen Zeitung in Lima Barbies Foto aus dem Jahre 1943 gesehen hat und glaubt, auf ihm einen Geschäftsmann aus La Paz wiederzuerkennen. Der Deutsche heißt Herbert John und arbeitet in einem der vielen Unternehmen des peruanischen Multimillionärs Luis Banchero Rossi, des Königs der industriellen Fischerei und der Fischmehlproduktion.

Mitte Dezember schreibt Staatsanwalt Rabl an Beate Klarsfeld und teilt ihr mit, das Gericht sei in den Besitz einiger neuerer Fotos von Barbie gekommen und das Institut für Anthropologie und Menschliche Genetik an der Universität München werde diese mit den Aufnahmen von 1943 vergleichen und herausfinden, ob es sich um ein und dieselbe Person handelt. Gleichzeitig stellt er für Beate die Verbindung zu Peter Nischk her, einem Freund von Herbert John, der in München wohnt. Nischk teilt den Klarsfelds mit, daß Barbie zur Zeit in Lima wohnt. Seine Adresse lautet: Klaus Altmann, c/o Fritz Schwend, Santa Clara de Lima, Casilla Nr. 1, Carretera Central, km 14.

Beate ruft Herbert John in Lima an, und dieser sagt ihr, Schwend, der Freund und Geschäftspartner Barbies, sei «einer der Männer der CIA in Peru». Es handelt sich um einen ehemaligen Standartenführer (Oberst) der SS, der in Italien in Abwesenheit zu einundzwanzig Jahren Gefängnis verurteilt wurde. Während des Krieges war er damit beauftragt, die Welt mit falschen Pfund-Sterling-Noten zu überschwemmen. Gegenwärtig widmet er sich der Hühnerzucht, kümmert sich jedoch gleichzeitig weiter um Politik und ist der Mann, der das System der Postzensur in Peru installiert hat.

So sieht die Sachlage aus, als am 1. Januar 1972 Luis Banchero Rossi, der Vorgesetzte von Herbert John, ermordet wird. Über den gewaltsamen Tod des Magnaten kursieren Gerüchte. Eines von ihnen besagt, der Mord sei geschehen, weil Banchero Rossi im Besitz eines wichtigen Dokuments über die Tätigkeit und den Aufenthaltsort mehrerer Nazi-Kriegsverbrecher gewesen sei.

Während des Mordprozesses stellt sich heraus, daß einer der Angestellten von Banchero Rossi, Alejandro Clava Breanich, Nazi und Experte in der Handhabung von Stichwaffen, auch Chauffeur von Schwend war. Von letzterem heißt es, er habe den Kriegsverbrecher Dr. Joseph Mengele in seinem Haus empfangen und beschützt, als dieser kurze Zeit vorher, Ende 1971, Peru besuchte.

Die Freundschaft zwischen Barbie alias Altmann und Schwend ist weithin bekannt. In den Tagen des Prozesses werden an der Grenze zwischen Peru und Bolivien zwei andere Nazis festgenommen: Fritz Goetzl und ein gewisser Schneider. Beide sind Kontaktleute zwischen Schwend und Barbie, wenn letzterer sich in Bolivien aufhält.

Parallel zu den Untersuchungen im Mordfall Banchero Rossi wird ein weitverzweigtes Nazinetz für den Schmuggel von Dollars und Waffen in Lateinamerika entdeckt.

Schließlich stellt der Staatsanwalt Juan Vilca Carranza, den Sohn des Gärtners von Banchero Rossi, unter Anklage. Vilca war wenige Tage zuvor mit Barbie in der Bar «Wien» gesehen worden. Das Gericht schließt die Beteiligung der Nazis am Mord an dem peruanischen Magnaten aus. Später stellt ein anderes Gericht auch die Privatsekretärin von Banchero Rossi unter die Anklage der Mittäterschaft.

Unterdessen, am 12. Januar 1972, schreibt Staatsanwalt Rabl ein weiteres Mal an Beate Klarsfeld und teilt ihr mit, das Universitätsinstitut von München habe wissenschaftlich und zweifelsfrei festgestellt, der Geschäftsmann aus La Paz und Lima, der sich Klaus Altmann nennt, sei Klaus Barbie. Am 19. Januar veröffentlicht «L' Aurore» neue, kurz zuvor aufgenommene Fotos von Barbie alias Altmann, begleitet von der Schlagzeile: «Der ehemalige Nazi Klaus Barbie hat sich gerade nach Lima gerettet, nachdem er viele Jahre in Bolivien gelebt hat. Wird Frankreich seine Auslieferung fordern?»

Die letzten Ereignisse rufen weltweit eine Welle von Nachrichten hervor. In Lima bestreitet Altmann heftig, Barbie zu sein: «Ich war Leutnant der Wehrmacht; ich habe niemals der SS angehört.»

Am 21. Januar ruft Staatsanwalt Ludolph Beate Klarsfeld an und berichtet ihr von neuen Beweisen, die er entdeckt hat. Unterdessen versucht Beate, das Geld für eine Reise nach Lima aufzubringen. Ludolph schickt ihr Kopien internationaler Abkommen zwischen Frankreich und Peru: gemäß den Gesetzen von 1888 und 1924 ist eine Auslieferung möglich.

Neben dem Gutachten der Münchner Universität gibt es folgende unbestreitbare Beweise dafür, daß Altmann und Barbie ein und dieselbe Person ist:

1. Klaus Altmanns Tochter Ute wurde am 30. Juni 1941 in Kassel geboren. Im Standesamt von Kassel gibt es keine Eintragung, die die Geburt einer Ute Altmann im Jahre 1941 bestätigt. Aber am 30. Juni 1941 kam in Trier Ute Barbie, die Tochter von Klaus Barbie, zur Welt.

2. Altmanns Sohn Klaus-Georg wurde am 11. Dezember 1946 in Kasel (mit nur einem «s») bei Leipzig geboren. Unglücklicherweise gibt es keine Ortschaft mit diesem Namen; aber am 11. Dezember 1946 wurde in Kassel, in der Klinik von Dr. Kuhn, Klaus-Georg, der Sohn von Klaus Barbie, geboren.

3. Klaus Altmanns Frau heißt Regina und mit Mädchennamen Wilhelms. Die Frau von Klaus Barbie heißt Regina und mit Mädchennamen Willms.

Am Donnerstag, dem 27. Januar, landet Beate Klarsfeld in Lima. Die nächsten Stunden sind eine einzige Pressekonferenz. Die Nazifängerin erfährt, daß ihre Jagdbeute geflohen ist: Altmann-Barbie ist auf dem Weg zur bolivianischen Grenze.

Barbie war eine Woche zuvor durch die Presse gewarnt worden, denn der Artikel aus «L' Aurore» wurde in der ganzen Welt nachgedruckt. Der Agentur AFP sagte Barbie: «Mein wirklicher Name ist Klaus Altmann Hansen. Ich habe niemals den Namen geändert, und das einzige, was ich sagen kann, ist, daß ich im Range eines Leutnants Angehöriger der deutschen Armee war ... Ich bin nicht der ehemalige Gestapochef von Lyon. Ich bin ein ehemaliger Soldat und sonst nichts ... Das einzige, woran mir jetzt liegt, sind der Frieden und meine Kinder.»

Bei einer Befragung durch die örtlichen Behörden bestritten «Altmann» und Schwend, daß Klaus Altmann in Wirklichkeit Klaus Barbie sei. Schwend behauptete sogar, das sei unmöglich, denn er kenne den echten Barbie: «Wir waren beide Kriegsgefangene, und ich bin sicher, daß er sich in Ägypten befindet. Das letztemal erfuhr ich von ihm vor sieben Jahren, als er mir eine Postkarte schickte.»

Am 24. Januar wurde «Altmann» mehrere Stunden lang im Innenministerium Perus verhört. Gleich darauf nahm er sich einen Leibwächter und beschloß, angesichts eines möglichen Auslieferungsantrags von seiten Frankreichs so schnell wie möglich nach Bolivien zurückzukehren.

Am 29. Januar 1972 verbreitet die gesamte peruanische Presse die Anschuldigungen Beate Klarsfelds. Unermüdlich läßt sie sich von verschiedenen Behörden, darunter vom Polizeichef, empfangen und bittet, man möge den Flüchtigen festnehmen, bevor er die bolivianische Grenze überschreitet. Niemand hört auf sie. Mehr noch: Barbie reist in Begleitung von zwei peruanischen Polizisten, die ihn der bolivianischen Polizei übergeben.

Die von Beate mitgebrachte Dokumentation überzeugt den französischen Botschafter, doch es ist bereits zu spät, seine Regierung um den Auslieferungsantrag zu bitten: Mittags ruft ihn sein Konsul in Peru an, um ihm zu sagen, der Naziverbrecher habe gerade die Grenze überschritten.

Beate beschließt, ihm nach La Paz zu folgen, aber bis zum nächsten Vormittag fliegt keine Maschine mehr. Sie gibt weiter Interviews und verteilt Fotokopien der Dokumente an die Journalisten, weil man ihr gesagt hat, die peruanische Presse werde auch in Bolivien gelesen. Am nächsten Tag bringt sie ein kurzer, zweistündiger Flug in die bolivianische Hauptstadt, wo Journalisten und Kameraleute die Ankunft ihrer Maschine erwarten. Eine Pressekonferenz wird improvisiert, und dann muß die Reisende die Einreiseformalitäten hinter sich bringen. Die Polizei bringt sie im Hotel Sucre unter.

Anders als sein Amtskollege in Lima weigert sich der französische Botschafter in La Paz, sie zu empfangen. Auch zum Innenministerium bekommt sie keinen Zutritt. Ununterbrochen hält sie Kontakt mit der Presse, und ein Journalist verspricht, ein Interview mit Präsident Banzer für sie zu arrangieren. Es gelingt ihr, mit dem Stellvertretenden Einwanderungsminister zu reden, der ihr vorwirft, die Presse in Aufruhr versetzt zu haben. Er bedeutet ihr, im Falle der Fortsetzung solcher Aktivitäten werde man sie aus Bolivien ausweisen.

Wenige Stunden später schickt die Botschaft Frankreichs einen Beamten zu ihr, der sie um die Dokumente bittet, die beweisen, daß Altmann Barbie ist: Man wird sie fotokopieren und sie ihr dann zurückgeben. Am selben Nachmittag senden die Rundfunkanstalten die große Nachricht: Der Botschafter Frankreichs hat im Namen seiner Regierung die Auslieferung von Klaus Barbie alias Altmann beantragt.

Am folgenden Tag bittet der Stellvertretende Einwanderungsminister Beate freundlich, abzureisen. «Wir weisen Sie nicht aus, sondern wir bitten Sie, uns neue Beweise zu bringen», sagt er. Und in seinem Pressekommuniqué wird unterstrichen: «Frau Klarsfeld reist freiwillig ab.»

Zwei Polizisten bringen Beate zur französischen Botschaft, wo sie sich ihre Dokumente wiedergeben läßt, dann zum Hotel, um ihr Gepäck abzuholen, und dann zum Flughafen. Einige Journalisten haben sich eingefunden. Beate Klarsfeld reist zufrieden ab. Die Presse spricht von nichts anderem als von der wahren Identität des ehrbaren «Don Klaus».

In Lima erlaubt ihr die Polizei nicht, den Flughafen zu verlassen. Schwend, in dessen Haus Barbies Frau untergebracht ist, hat erklärt: «Wenn sie wieder nach Peru kommt, werden wir uns schon um sie kümmern.» Die völlig übermüdete Beate muß auf einer Bank im Flughafen schlafen; die Polizisten weichen nicht von ihrer Seite. Am nächsten Tag laden sie sie zum Frühstück ein und begleiten sie dann zur Maschine der Air France, die nach Paris fliegt. Der Flugkapitän spendiert ihr ein Glas Champagner.

Und so, mit einem Teilerfolg, endet Beate Klarsfelds erste Reise nach La Paz.

In Bolivien wird der Fall Barbie dem Obersten Gericht übergeben, das sich über den Auslieferungsantrag äußern muß. Unterdessen schreibt der französische Präsident Georges Pompidou einen persönlichen Brief an Oberst Banzer: «Die Zeit löscht vieles aus, aber nicht alles ...» Banzer erwidert, das Oberste Gericht werde sich nach den Gesetzen des Landes richten.

In Paris sammelt Beate Klarsfeld Mittel für eine neue Reise nach La Paz. Diesmal wird sie von Itta Halaunbrenner begleitet, die achtundsechzig Jahre alt ist und deren Leben Barbie zerstört hat. Ihr Mann Jakob wurde von Barbie persönlich verhaftet, ebenso ihr dreizehnjähriger Sohn Leon; ihre Töchter Mina, acht Jahre, und Claudine, vier Jahre, schickte man ins Waisenhaus von Izieu, das Barbie 1944 «schloß». Beide starben in den Gaskammern von Auschwitz. Den Vater fand man, mit siebzehn Einschüssen im Leib, im Leichenschauhaus; Leon wurde deportiert, arbeitete in den

51

Salzbergwerken Polens und starb acht Monate nach seiner Verhaftung an Erschöpfung und Unterernährung.

Am Sonntag, dem 20. Februar 1972, fliegen die beiden Frauen nach La Paz. Beate hat Fotos von Barbies Frau bei sich, eines aus dem Jahre 1940 und das andere aus dem Jahre 1972: Die Ähnlichkeit ist unbestreitbar. Sie hat auch eine Aufnahme der Familie Halaunbrenner vergrößern lassen.

In Lima werden sie am Flughafen von der Presse erwartet, und die Reporter reißen ihnen die Fotos aus den Händen. Am nächsten Tag erscheinen sie in allen Zeitungen auf der ersten Seite. Die Frauen sind schon im Begriff, nach La Paz zu fliegen, als sie erfahren, daß Bolivien sie nicht einreisen lassen wird, wenn sie nicht förmlich im bolivianischen Konsulat in Lima das Einreisevisum beantragen. Sie müssen in die Stadt und ins Hotel Savoy zurückkehren. Beate schickt ein Telex an den bolivianischen Stellvertretenden Einwanderungsminister und erinnert ihn daran, daß er es war, der sie gebeten hat, mit neuen Beweisen zurückzukehren.

Schließlich wird alles geregelt; der bolivianische Konsul Ricardo Rios, ein Freund Barbies, muß das Visum gegen seinen Willen in die Pässe stempeln: Einer Meldung von AFP zufolge wurde es von Präsident Banzer persönlich erteilt.

Am Donnerstag, nach drei Tagen Aufenthalt in Lima, erreichen die beiden Frauen La Paz. Kaum ist die Maschine gelandet, kommt ein junger Beamter an Bord, wendet sich an Beate und sagt: «Sie müssen sich verpflichten, keinerlei Erklärungen vor der Presse abzugeben; tun Sie es doch, müssen Sie umgehend abreisen.»

Der Stellvertretende Einwanderungsminister teilt ihr mit, er habe nun nichts mehr mit dem Fall Barbie zu tun; sie müsse mit Herrn Tapia sprechen, dem Stellvertretenden Außenminister. Dieser empfängt die beiden Frauen am folgenden Tag, tröstet Frau Halaunbrenner, die ihm den Leidensweg ihrer Familie schildert, und verspricht letzten Endes gar nichts. Unterdessen lädt ein Korrespondent der Zeitung «The Los Angeles Times», den Beate in Lima kennengelernt hat, die beiden Besucherinnen zum Mittagessen ein und erzählt ihnen, während eines Interviews mit Präsident Banzer habe er dem bolivianischen Regierungschef gesagt, es würde international einen denkbar schlechten Eindruck machen, falls man die beiden mutigen Frauen nicht nach Bolivien einreisen ließe. Und dann fügt er hinzu: «Banzer ist sehr empfindlich gegenüber der Öffentlichkeit im Ausland, vor allem in den USA; anscheinend zahlt ihm die CIA sieben Dollar pro Tag für jeden politischen Häftling. Mit diesem Geld finanziert er seine stets unzufriedene Armee ...»

Beate erkundigt sich diskret bei befreundeten Journalisten: Es sieht so aus, als hätten sie Instruktionen, nichts von ihrer Anwesenheit in La Paz zu melden. Trotzdem beruft die furchtlose Nazifängerin eine Pressekonferenz ein. Eine Dreiviertelstunde vor der festgesetzten Zeit dringt ein halbes Dutzend Polizisten in Zivil ins Hotel ein und bringt sie zur Polizeidirektion. Dort macht sie der Chef, Major Tito Vargas, den Beate schon von ihrem ersten Besuch in La Paz kennt, nachdrücklich darauf aufmerksam, daß sie des Landes verwiesen wird, falls sie mit der Presse spricht.

Beate kehrt ins Hotel zurück und zeigt etwa dreißig Journalisten die neuen Beweise gegen Barbie. Frau Halaunbrenner ergreift das Wort, und ihr Leidensweg rührt die Leute von der Presse zutiefst. Als sie zu sprechen aufhört, bringen dieselben Polizisten, die Beate schon am Vormittag geholt hatten, diese erneut zum zentralen Polizeibüro und halten sie dort bis fünf Uhr nachmittags fest. Dann droht ihr der Chef der Internationalen Polizei: «Dies ist die letzte Warnung. Wenn Sie nicht gehorchen, wird man Sie festnehmen.»

Am nächsten Tag berichtet die Presse der Hauptstadt nicht nur über die Konferenz, sondern widmet Seiten über Seiten den Vernichtungslagern, einem Thema, das den bolivianischen Lesern nicht sehr geläufig ist. An diesem Dienstag, dem 29. Februar 1972, holt die Polizei Beate erneut ab und läßt sie erst wieder frei, als die Büros leer sind. Ein Inspektor sagt energisch und auf französisch: «Sie gehen uns auf den Geist, also gehen wir Ihnen auf den Geist, damit Sie es satt bekommen und abhauen.»

Unterdessen hat der französische Botschafter die bolivianischen Behörden um eine Gegenüberstellung Barbies mit Frau Halaunbrenner gebeten. Barbie weigert sich rundheraus, und die Behörden erklären, sie könnten ihn nicht zwingen. Barbies Weigerung an sich ist schon höchst bedeutsam.

Am folgenden Montag gehen die beiden Frauen, nachdem sie Schlösser und Ketten gekauft haben, zum Innenministerium, beantragen die Ausreiseerlaubnis und reservieren Plätze in der Maschine, die um acht Uhr abends nach Lima fliegt. Gegen Mittag ketten sie sich auf der breiten Allee El Prado, direkt gegenüber vom Hotel Sucre, an eine Bank und zeigen große Plakate. Auf dem Plakat der Frau Halaunbrenner sieht man die Fotografie ihrer Familie und die Worte: «Bolivianer, hör zu! Als Mutter fordere ich Gerechtigkeit und die Verurteilung von Barbie-Altmann, dem Mörder meines Mannes und meiner drei Kinder.» Und bei Beate heißt es: «Im Namen von Millionen Opfern des Nazismus: erlaubt die Auslieferung von Barbie-Altmann.»

Passanten sammeln sich, Autos bremsen und fahren langsam vorbei, manche halten an. Der Verkehr stockt. Der Rundfunk meldet die Nachricht und lockt damit immer mehr Zuschauer an. Um vier Uhr nachmittags hält ein Lieferwagen, mehrere Männer in Zivil springen heraus, nähern sich den Frauen und entreißen ihnen die Plakate. Eine Gruppe junger Bolivianer fertigt rasch neue an. Eine bescheiden gekleidete Frau sagt: «In Bolivien gibt es keine Gerechtigkeit. Entführt ihn, oder bringt ihn um!»

Nach sieben Stunden öffnen die beiden Angeketteten die Schlösser und fahren zum Flughafen, um die Maschine nach Lima zu besteigen. Am folgenden Tag nimmt die bolivianische Presse die Debatte über den Fall Barbie-Altmann wieder auf.

Am Donnerstag, dem 9. Mai 1972, nach einer achtzehntägigen Kampagne in Südamerika, ist Beate Klarsfeld wieder in Paris. Wie immer findet sie bei ihrer Heimkehr Glückwunschschreiben und Schmähbriefe vor. Diesmal ist da sogar ein in Geschenkpapier gewickeltes Paket, das ihr verdächtig erscheint. Als die Polizei es untersucht, stellt sich heraus, daß es dreihundert Gramm Nägel und eine große Menge Sprengstoff enthält, genug, um die Person, die es öffnet, umzubringen.

Aber die Aufgabe, die sich die Klarsfelds gestellt haben, ist erfüllt. «Don Klaus Altmann» ist entlarvt. Zum erstenmal zeigt er sich besorgt über seine Zukunft.

Dennoch ist es nicht das erstemal, daß jemand in dem jovialen Geschäftsmann den gesuchten Kriegsverbrecher erkannt hat. Am 20. September 1969 schickte das Bonner Auswärtige Amt dem Bundesjustizminister einen geheimen Bericht der deutschen Botschaft in Bolivien: «Wir empfehlen eine sehr vorsichtige Nachforschung, denn Klaus Altmann unterhält ausgezeichnete Beziehungen zu den Regierungskreisen- Boliviens und auch zu Ex-Nazis, wie zum Beispiel zu Fritz Schewen in Lima. Wir legen ein Gruppenfoto mit Altmann bei, das in einer bolivianischen Zeitung erschienen ist.»

Es war dasselbe, 1968 aufgenommene Foto, das drei Jahre später für das anthropometrische Gutachten dienen und mit zwei Fotografien verglichen werden sollte, die Barbie fünfundzwanzig Jahre früher zeigen und die man Beate Klarsfeld übergeben hatte.

Doch auch dies ist nicht die erste Identifizierung, die in Aktenbündeln und Dossiers den ewigen Schlaf schläft. Lange Zeit vorher – bereits 1963 – gab es einen Bericht des französischen Militärischen Sicherheitsdienstes an die badische Polizei, in dem zwar einige Irrtümer enthalten waren, der jedoch Barbie identifizierte und die folgenden Angaben aufzählte, die vom Wiesbadener Regionalbüro des Bundesamtes für Aufdeckung von Nazi-Kriegsverbrechen mit Sitz in Ludwigsburg zusammengetragen worden waren:

«Nach der deutschen Kapitulation im Jahre 1945 wurde Barbie sofort von den nordamerikanischen Geheimdiensten benutzt, die ihn in München ansiedelten und beschützten ...

Von 1961 bis 1962 lebte Barbie in Bolivien, in La Paz, wo seine Frau Regina, mit Mädchennamen Willms, später zu ihm stieß. Barbie soll in Bolivien eine ‹Deck-Beschäftigung› auf Kosten der nordamerikanischen und deutschen Geheimdienste, der Central Intelligence Agency (CIA) und des Bundesnachrichtendienstes (BND) haben (...)»

Obwohl es gelungen war, weltweite Aufmerksamkeit auf die dunkle Figur des Kriegsverbrechers zu lenken, und obwohl dieser zweifelsfrei identifiziert worden war, begriffen Beate Klarsfeld und ihr Mann sehr bald, daß sie weder mit ihren bisherigen Schritten noch mit dem französischen Auslieferungsantrag etwas erreichen würden. Barbie alias Altmann hatte 1972 allzu gute Beziehungen zu den Militärs seiner Wahlheimat, als daß er irgendeine Gefahr zu fürchten gehabt hätte. Wie vorauszusehen war, wurde der Antrag auf Auslieferung mit dem Argument abgelehnt, es gäbe «kein Auslieferungsabkommen zwischen Frankreich und Bolivien».

Nun dachte eine kleine Gruppe von Menschen über eine Alternative nach. Wenn man nicht durchsetzen konnte, daß Barbie durch eine Pressekampagne und durch Anträge von Regierung zu Regierung der französischen Justiz übergeben wurde, dann konnte vielleicht eine direktere Aktion mehr Erfolg haben.

Kapitel IV

Was nicht zustande kam

Über sieben Monate wurde die von Frankreich beantragte Auslieferung Barbies mit bezeichnender Langsamkeit im Obersten Gericht Boliviens diskutiert. Wie zu erwarten gewesen war, fiel die Entscheidung schließlich negativ aus. Die Richter hatten keine Handlungsfreiheit; zumindest in diesem Falle hielten sie sich an die Empfehlungen der diktatorischen Regierung Hugo Banzers. Und der – unnötig, es zu sagen – befolgte in dieser Angelegenheit, wie auch in allen anderen, die «Empfehlungen» der CIA, des nordamerikanischen Geheimdienstes, für den er arbeitete.

In Anbetracht dieser Lage und in Kenntnis der Tatsache, daß «Altmann» die Diktatur, die eine nie dagewesene Welle der Gewalt in Bolivien entfesselte, anleitete, beriet und persönlich an ihr beteiligt war, wurde die Idee geboren, vom Ausland her die Entführung des Kriegsverbrechers und seine Übergabe an die französische Regierung zu planen.

Einigen Quellen zufolge waren die Klarsfelds die Urheber der Idee. Sie konsultierten sich mit ihrem alten Freund Régis Debray hinsichtlich der Person, die das Projekt am besten realisieren konnte. Der Franzose erzählte ihnen von seinem bolivianischen Freund Gustavo Sánchez, der zu der Zeit im Chile Allendes im Exil lebte.

Abgesehen von ihrer alten Freundschaft, gab es noch eine andere Verbindung zwischen Debray und Sánchez. Gustavo Sánchez' Bruder, Rubén Sánchez Valdivia, der Offizier der bolivianischen Armee, war einige Jahre zuvor von der Guerilla des Che gefangengenommen worden. Wie es in der Guerilla Brauch war, wurde der Gefangene gut behandelt und schließlich freigelassen. Später, als die bolivianische Armee Debray festnahm, war es Oberst Rubén Sánchez persönlich, der verhinderte, daß man ihn auf der Stelle erschoß.

Erste Gespräche mit Personen, die den Verschwörern unschätzbare Dienste leisten sollten, wurden in der chilenischen Ortschaft Arica begonnen, die an der Grenze zu Peru und Bolivien und daher für den Plan strategisch günstig lag.

Die venezolanische Soziologin und Frau von Régis Debray, Elizabeth Burgos, unterhielt freundschaftliche Beziehungen zu Gustavo Sánchez. Daher war dieser nicht überrascht, als ihn seine venezolanische Freundin aus Lima anrief und ihn bat, er möge sie zwischen der peruanischen Ortschaft Tacna und Arica über die Grenze bringen. Die Einreise nach Chile würde illegal erfolgen.

Für Sánchez war es nicht schwer, sie über die Grenze zu bringen, denn er hatte in dieser Gegend Freunde. Elizabeth übergab ihm achthundert Dollar für die ersten Ausgaben und bestätigte ihm, er, der bolivianische Patriot und Kenner der Gegend, werde das Unternehmen leiten. Während der ersten Besprechungen wies Elizabeth Burgos darauf hin, daß das Verbleiben «Altmanns» in Bolivien eine Herausforderung an die Revolutionäre des Landes sei. Sie kannte Sánchez' finanzielle Lage, sein Dasein als Asylant und vor allem seine politische Haltung. Elizabeth erzählte auch von den Klarsfelds, die den Plan finanziell unterstützen würden, und Serge würde nach Chile reisen, um mit Sánchez zusammenzutreffen. Sie kannten sich bereits und hatten den Plan schon früher einmal erörtert, als Sánchez am 20. Oktober 1972 auf Einladung der Klarsfelds nach Paris geflogen war.

Am 20. Dezember desselben Jahres kam Serge nach Chile und traf sich mit Debray. In den ersten Beratungen mit Elizabeth und einigen chilenischen und bolivianischen Freunden, deren Namen noch heute anonym bleiben müssen, sprach man achtundvierzig Stunden lang über die Möglichkeiten der Entführung «Altmanns». Man einigte sich im Prinzip darauf, daß man eine illegale Reise nach Bolivien unternehmen werde, und zwar über den Grenzübergang von Desaguadero, einer kleinen, an der Trennlinie zwischen Peru und Bolivien gelegenen Ortschaft. Dabei würde man sich eines Passierscheins bedienen, den die chilenischen Behörden für einen vierundzwanzigstündigen Besuch in Tacna ausstellten.

In Tacna mietete Gustavo Sánchez die Dienste eines Taxifahrers, der die Landstraßen und Feldwege kannte, auf denen man, ohne eine Polizeikontrolle passieren zu müssen, an die peruanisch-bolivianische Grenze am Ufer des Desaguadero-Flusses gelangen konnte. Sánchez reiste mit einem chilenischen Freund, den er unter dem Namen «Tito» kannte.

Sonntags, wenn hier Markttag war, durften die Bolivianer die Grenze passieren, indem sie den Desaguadero-Fluß überquerten. Dort, zwischen schwer beladenen Indiofrauen und fröhlichen Betrunkenen, begegnete Sánchez rein zufällig einem Unteroffizier der Armee, der aus seinem Geburtsort Totora stammte und den er seit seiner Kindheit kannte. Angesichts der Freundschaft, die beide Familien füreinander empfanden, und in Anbetracht der echten Verbundenheit zwischen ihnen beiden erzählte Sánchez ihm ganz offen von dem Auftrag, der ihn in diese Gegend führte.

Ohne zu zögern, willigte der Unteroffizier ein, mitzumachen, und versprach, seinerseits einen Offizier zu gewinnen, unter dessen Kommando er diente.

Der Offizier, ein Verwandter des Unteroffiziers, war ebenfalls in Totora zur Welt gekommen und hing wie dieser nationalistischen Ideen an. Daher würden sich beide den Männern anschließen, die durch die Übergabe eines Kriegsverbrechers an die Justiz in die Geschichte eingehen würden. Mit solchen Worten schwor er bei seiner nationalistischen und revolutionären Ehre als Militär, seine Freunde niemals zu verraten. Die beiden Verschwörer lagen ausgestreckt auf grünem Gras an den Ufern des höchsten Sees der Erde, des von den Inkas geheiligten Titicaca, und entwarfen Pläne für die ersten Aktionen.

Der von Sánchez gewonnene Unteroffizier – der, ebenso wie der Offizier, noch heute in der Armee Dienst tut – verpflichtete sich, «Altmanns» Wohnsitz aufzuspüren und ihn zu beobachten. In der ersten Phase wollte er dies selbst erledigen. Später würde sein Schwager, der in La Paz wohnte und Kleinhandel betrieb, die Beobachtungen übernehmen. Er würde genug Zeit haben, sich dieser Aufgabe zu widmen.

Sánchez und sein Jugendfreund kamen überein, sich genau in zwanzig Tagen an diesem Ort wiederzusehen. Dann würde auch der Offizier, der damals Leutnant war, an dem Rendezvous teilnehmen. Sie beschlossen, ihn zu einer angeblichen Geburtstagsfeier einer Freundin einzuladen. Sollten unvorhergesehene Hindernisse auftreten, wollten sich die Verschwörer telegrafisch verständigen. Dann übergab Sánchez dem Unteroffizier Geld für seine Reisen zwischen La Paz und Guaqui. In diesem bolivianischen Ort an der Grenze zu Peru lag die Militäreinheit, in der Sánchez' Freund Dienst tat.

In der Zwischenzeit suchten der Taxifahrer und der Chilene Tito in der ganzen Ortschaft nach Gustavo Sánchez und sorgten sich um seine Sicherheit. Sie wußten nichts von seinem Gespräch mit einem Militär. Gegen Abend kehrten die drei nach Tacna zurück, wo sie die Nacht verbringen mußten, weil die Grenze nach Chile bereits geschlossen war.

Als Gustavo Sánchez berichtete und Einzelheiten über den ersten Helfer nannte, den er für die geplante Entführung gewonnen hatte, hellte sich Elizabeths Gesichtsausdruck auf. Wenn nun die zweite Zusammenkunft erfolgreich verlief, müßte man Debray in Santiago de Chile benachrichtigen, damit dieser andere Hilfskräfte und offizielle Versprechungen erwirkte, die es erlauben würden, das Ziel ungehindert zu erreichen. «Altmann» sollte entführt und nach Chile gebracht werden, von wo aus man ihn nach Frankreich schicken wollte; dafür brauchte man eine gewisse Duldung seitens der chilenischen Behörden.

Debrays kluge, sorgfältige und hartnäckige Gefährtin Elizabeth brachte Bedenken zur Sprache. Sie kannte das Wesen der bolivianischen Militärs ziemlich genau; während der Haft ihres Mannes hatte sie schwierige Augenblicke durchlebt. Daher mißtraute sie dem Ernst und der Vertrauenswürdigkeit der Uniformierten. Sánchez erklärte ihr, dieser Fall läge anders; die Soldaten, die sie kennengelernt hatte, seien Faschisten gewesen, die man zu Kerkermeistern auserkoren und zu diesem Zweck gedrillt habe. Diejenigen aber, die mit der Entführergruppe zusammenarbeiten würden, hätten eine andere Ausbildung hinter sich. Auch ihre Klassenherkunft sei eine andere: Sie kämen direkt aus dem Volk; ihre Eltern seien Bauern; sie besäßen gute Wurzeln. Die Zeit sollte ihm recht geben.

Tage später begann man zu planen, wie, mit wem und unter welchen Bedingungen man in Chile arbeiten konnte. Der Freundeskreis von Sánchez und Debray war klein; es waren jedoch ausgezeichnete Jungen, die keine großen politischen Motivationen, dafür aber einen ausgeprägten Sinn für wahre Freundschaft besaßen. «Für einen Freund gibt man das Leben, wenn er ein wirklicher Freund ist», pflegte Carlos, den Gustavo Sánchez sehr schätzte, zu sagen. Dieser in Valparaiso geborene Mann ohne akademischen Grad war ein romantischer Träumer. Er hatte etwas übrig für große Unternehmen. Stets versuchte er, bei allem der Erste zu sein; die Popularität machte ihn trunken. Als Sánchez den Plan mit ihm durchsprach, blieb er stumm. Er konnte sich nicht vorstellen, in ein Unternehmen einbezogen zu sein, das die Bestrafung eines Mörders durch die Justiz ermöglichen sollte. Die Nachricht von der Identifizierung des Kriegsverbrechers Barbie und das Auftreten Beate Klarsfelds in La Paz begeisterten ihn so sehr, daß er die Herausforderung annahm. Er würde ein wichtiger Teilnehmer der Verschwörung sein; er kannte die Landstraßen von Arica nach La Paz, hatte früher bereits mehrere Fahrzeuge vom Hafen bis zur Hochebene gesteuert, war ein außergewöhnlich guter Fahrer mit erstklassigen Reflexen. Dreimal stoppte er die Zeit, die man für die Fahrt von Desaguadero nach Arica brauchte, ohne die Kontrollen zu passieren. Beim letztenmal fuhr er bis nach Iquique, der ehemaligen bolivianischen Hafenstadt, die seit dem Krieg von 1879 in chilenischem Besitz war.

Carlos brachte Gustavo Sánchez mit einem Sportflieger zusammen, der reiche Erfahrungen beim Überfliegen der westlichen Andenkette besaß. Mehrmals hatte er die Strecke unter gefährlichen Witterungsbedingungen zurückgelegt. Bis zu einer Höhe von siebentausend Metern mußte man aufsteigen und bei schlechter Sicht die Schwierigkeiten des Fluges ohne Radar meistern, weil das Sportflugzeug ein solches Gerät nicht besaß. Man sagte dem Piloten, es handle sich darum, einen Bergarbeiterführer außer Landes zu bringen, der aus dem Gefängnis von Viacha befreit werden würde. Die Details, die man ihm über das Gefängnis, die

61

Konzentrationslager und anderes mehr anvertraute, waren öffentlich bekannt; die Presse hatte darüber bereits berichtet. Der Pilot stellte lediglich den Treibstoff in Rechnung, den die Maschine bei den Probeflügen verbrauchte. Sein einziger Begleiter dabei war Carlos.

Elizabeth reiste nach Santiago de Chile zu ihrem Mann und informierte ihn über die Schritte, die bereits getan worden waren, um die Entführung zu verwirklichen.

In der Gegend von Arica, Tacna und Desaguadero studierte Gustavo Sánchez wochenlang auch die kleinsten Details der Operation. Neun Tage vor der Verabredung in Desaguadero erhielt er eine Nachricht aus La Paz. Gemäß dem vereinbarten Schlüssel war sie an Arturo Salazar (das waren Gustavo Sánchez' zweiter Vorname und sein Familienname mütterlicherseits) adressiert und lautete: «Erwarten dich auf jeden Fall beim Fest.» Absender: «Angel.» Das bedeutete, daß alles glatt lief. Sánchez informierte Elizabeth telefonisch, und sie bat ihn, sich umgehend mit ihr und Debray in ihrer Wohnung in einem der Türme von San Borja, mitten im Stadtzentrum von Santiago de Chile, zu treffen.

Im zweiten Halbjahr 1972 hatte Debray klare Vorstellungen von dem Unternehmen, das den Mörder, der das Leben so vieler Patrioten der französischen Résistance auf dem Gewissen hatte, vor das Oberste Gericht Frankreichs bringen sollte. Daran mitzuwirken bewegte ihn tief, so daß seine hellen Augen noch mehr glänzten. Er hatte mit den Klarsfelds gerechnet, die das Unterfangen finanziell unterstützten. Der Rest würde von lateinamerikanischen Patrioten erledigt werden, die wußten, daß ehemalige SS-Leute im Dienste reaktionärer Militärdiktaturen Terror und Tod säten.

Außerdem hatte Debray erreicht, daß er – wenn der Moment gekommen war – mit der Unterstützung wichtiger Minister im Kabinett Präsident Salvador Allendes rechnen konnte. Gustavo Sánchez legte Wert darauf, festzustellen, daß der Präsident Chiles in diese Pläne nicht eingeweiht war. Das Thema wurde nie mit ihm besprochen. Sowohl Debray als auch Sánchez achteten den chilenischen Würdenträger zutiefst und wollten ihm keine weitere Sorge aufbürden. Ebensowenig wollten sie Wasser auf die Mühlen der seinerzeit von Henry Kissinger gelenkten imperialistischen

Verschwörung gegen die demokratische Regierung in Chile gießen.

In diesen Tagen kam Serge Klarsfeld nach Santiago de Chile und mietete, zusammen mit Debray, ein Sportflugzeug, mit dem die beiden Franzosen nach Copiapó, im Norden Chiles, flogen. Dort trafen sie sich mit Gustavo Sánchez. Er informierte sie über alle Fortschritte, die bisher gemacht worden waren, und Klarsfeld übergab ihm etwa zweitausend Dollar für die Ausgaben. Beide Besucher lernten auch Carlos kennen, der Sánchez zum Treffpunkt begleitet hatte. Carlos wußte nicht, wer die aus Santiago gekommenen Ausländer waren. Das erfuhr er erst Monate später, als Sánchez nach Arica zurückkehrte.

Bei dieser Zusammenkunft wurden die letzten Einzelheiten ausgearbeitet. Der schließlich angenommene Plan sollte folgendermaßen ausgeführt werden: In Bolivien würden die Mitwisser detailliert jede Bewegung des Nazis kontrollieren: wann er sein Haus verließ, wohin er sich begab, welchen Weg er gewöhnlich nahm, ob er einen Sicherheitsapparat besaß und, wenn ja, aus wie vielen Männern er bestand, wer sie waren und so weiter. Außerdem mußte man beobachten, was Barbie tagtäglich zu tun pflegte, damit man den besten Zeitpunkt und den besten Ort für seine Festnahme wählen konnte. Man dachte sogar daran, ihn im Morgengrauen aus seinem Haus in La Paz zu holen. Aber das schloß die Möglichkeit einer Auseinandersetzung ein, und es würde eventuell notwendig werden, ihn in Notwehr zu töten. Das war jedoch nicht das Ziel der Verschwörer.

Schließlich bekam Sánchez das letzte Wort, und er entschied sich für die Festnahme am hellen Tage, so etwa gegen zwölf Uhr dreißig. Die Anwesenheit von zwei Männern in Armeeuniform würde keine Aufmerksamkeit erregen. Hätte man ihn erst einmal im Innern des Autos, sollte es keine Probleme mehr geben: Das Opfer würde eine Spritze bekommen, die ihm zu einigen Stunden friedlichen Schlafs verhalf, währenddessen man ihn nach Guaqui an die Grenze transportieren konnte. Man hatte vor, in dieser Ortschaft ein Haus für den Unteroffizier zu mieten. Das wäre nicht auffällig, denn mehrere Militärs wohnten außerhalb der Kaserne.

Das Sportflugzeug stand jederzeit zur Verfügung. Seine Treibstofftanks faßten genug Vorrat für den Flug über die Kordillere und zurück, ohne daß man auftanken mußte. Es wurden mehrere Probeflüge durchgeführt, und es stellte sich heraus, daß es zumindest in diesem Punkt keine Probleme geben würde. Die Maschine hatte Platz für sechs Personen einschließlich Besatzung, aber es würden nur drei Plätze besetzt werden, was das Gewicht verringern, den Treibstoffverbrauch senken und – vor allem – die Manövrierfähigkeit des Sportflugzeugs im Notfalle garantieren würde.

Sollten die atmosphärischen Bedingungen es unmöglich machen, Barbie per Flugzeug herauszuholen, gab es eine zweite Variante: Carlos würde es mit einem Jeep erledigen und dafür die Piste benutzen, die von der YPFB (Yacimientos Petroliferos Fiscales Bolivianos, dem Staatlichen Bolivianischen Erdölunternehmen) angelegt worden war, um die Pipeline Arica–La Paz instand zu halten. Das Fahrzeug gehörte Carlos' Vater, so daß auch damit keine Schwierigkeiten zu erwarten waren.

Zum drittenmal mußte Gustavo Sánchez illegal nach Bolivien reisen, um die letzten Einzelheiten abzusprechen und Geld zu übergeben. Seine Freunde vom Militär erwarteten ihn in der Kneipe der kleinen Ortschaft Desaguadero, auf peruanischem Gebiet. Sie umarmten sich und tauschten Kindheitserinnerungen aus: die alten Witze des Heimatortes Totora und viele beinahe vergessene Geschichten. Es schien ihnen, als hätten sie sich nie getrennt, und für einen Augenblick vergaßen sie den Diktator, der Bolivien regierte.

Aber nicht dies war der Zweck der Zusammenkunft. Nachdem der Plan in allen Einzelheiten besprochen worden war, zeigte sich die dringende Notwendigkeit, ein Fahrzeug für die Operation zu kaufen. So wurden zweitausendachthundert Dollar für das Auto und für andere Ausgaben bestimmt. Bei dieser Besprechung legten die Verschwörer auch das ungefähre Datum fest: Man mußte die Feiern zum Jahreswechsel ausnutzen. Die Leute würden an Weihnachtsbäume und Geschenke denken, und kein ungewöhnliches Schauspiel würde ihre Aufmerksamkeit allzusehr auf sich lenken.

Diese Zeit war für die bolivianischen Militärs am besten geeignet, nicht so jedoch für diejenigen, die sich in Chile befanden. Im Dezember, wenn dort Sommer ist, sind die Stürme im Gebiet der Kordillere sehr gefährlich; kleine Flugzeuge können nicht zwischen den riesigen Bergen fliegen. Das änderte nichts an dem unbeirrbaren mit jedem Tag wachsenden Willen, den Verbrecher, den Berater bolivianischer Diktaturen, der französischen Justiz zu übergeben.

Nach dem von den bolivianischen Militärs erarbeiteten Plan würde man nicht auf einem bekannten Flugplatz landen, und auch auf Sprechverbindung vom Boden zur Luft sollte verzichtet werden. Die Sache war einfach: Der Entführte würde in Guaqui zum Transport nach Chile bereit sein. Die Maschine sollte die Ortschaft überfliegen bis zu einer fünfzehn Kilometer entfernten geraden und breiten Chaussee, die für kleine Flugzeuge keine Gefahr darstellt. Die improvisierte Landebahn konnte während der blitzschnellen Operation von den Militärs gesperrt werden. Jeder zufällige Zeuge würde schwören, es handle sich um eines der gewohnten Schmuggelgeschäfte, wie man sie in dieser Gegend beinahe täglich erlebte. So etwas war ganz normal und würde unbemerkt bleiben, vor allem, wenn man die Anwesenheit von zwei Armeeangehörigen bedachte.

Die Feiern zum Jahresende vergingen, und Sánchez bekam einen Brief, in dem ihm Einzelheiten über die Bewegung «Klaus Altmanns» in La Paz mitgeteilt wurden. Sein Haus, der Klub La Paz, die Konditorei La Paz, der Klub der Sergeanten ... der Mann bewegte sich wie jeder Hauptstädter, ganz so, als fühle er sich völlig zu Hause. Unterdessen warteten die Verschwörer auf den erhofften Augenblick.

Das Jahr 1973 war ein hartes Jahr. In Bolivien wurde weiter gemordet. Barbie, der Berater der paramilitärischen Banden, erreichte es, daß seine Gefolgsleute ihre Methoden mit jedem Tag vervollkommneten. Tausende von Bolivianern wurden verhaftet und gefoltert. Manchen gelang es, die Grenze zu überschreiten, um in Chile Asyl zu suchen.

Und dann, fast von einem Tag zum anderen, kam die Unglücksbotschaft, das für die Operation gekaufte Fahrzeug habe auf der Fahrt von La Paz nach Desaguadero einen schweren Unfall gehabt. Man wollte die Zeit messen, die man für die Fahrt von der Hauptstadt nach Guaqui brauchte. Ein Hirte, der am Rande der Chaussee einige Lamas weidete, paßte nicht auf, und die Tiere begannen, die Straße zu überqueren. Der Fahrer versuchte, keines der Lamas zu überfahren, verlor die Kontrolle über das Fahrzeug und prallte gegen einen Abhang.

Bei dem Aufprall wurde der Unteroffizier, der am Steuer saß, schwer verletzt. Man mußte ihn in aller Eile ins Militärkrankenhaus Miraflores in La Paz bringen, wo er mehr als zwei Monate blieb. Er war ein wichtiger Faktor für die Verwirklichung des Entführungsplans. Die Gruppe der Verschwörer konnte ihr Ziel nicht weiterverfolgen; ein wichtiges Kettenglied war ausgefallen.

Wegen des Unfalls wurde auch die Bewachung «Altmanns», die eine Aufgabe des Verwundeten und seiner Angehörigen gewesen war, nicht fortgesetzt.

Die Operation wurde verschoben, aber nie wieder ergaben sich geeignete Bedingungen für ihre Verwirklichung. Im September des Jahres 1973 fiel Präsident Allende einer Verschwörung faschistischer, von der CIA beratener Militärs zum Opfer. General Pinochet übernahm die Macht.

Die Entführung Barbies konnte bedauerlicherweise nicht realisiert werden. Gustavo Sánchez mußte noch zehn Jahre warten. 1983 sollte das Vorhaben nicht mehr scheitern.

Kapitel V

Der Nazi und die Diktatoren

Die Familie Barbie kam – mit Papieren, die auf den Namen Altmann ausgestellt waren – am 23. April 1951 nach Bolivien. Bei Spaziergängen durch die Straßen von La Paz stellte sie fest, daß in der Hauptstadt Hunderte von Juden wohnten, unter ihnen viele Überlebende der Konzentrationslager. Der ehemalige SS-Offizier begriff, es war nicht angebracht, in der Stadt zu bleiben; man könnte ihn erkennen und identifizieren. Er mußte in ein weniger dicht besiedeltes Gebiet gehen, so weit entfernt wie möglich von den Städten.

Seine erste Anstellung fand er als Vorarbeiter in einem Sägewerk, in der entlegenen subtropischen Gegend um Coroico. Der SS-Offizier verschwand, wie vom Erdboden verschluckt. Seine Frau Regina verwaltete die Gastwirtschaft des isoliert liegenden Sägewerks. Sie mußten mit ihrer Umgebung verschmelzen und durften durch nichts die Aufmerksamkeit auf sich lenken. Jeder Fehler konnte sie teuer zu stehen kommen. Der sehr sprachbegabte «Don Klaus» lernte Spanisch und sprach es bald fließend. Zehn Jahre lang blieben er und seine Familie in ihrer Höhle inmitten des Urwalds.

Barbie kam in ein Land mit bewegter politischer Vergangenheit und Gegenwart. Am 21. Juli 1946 hatte die Bevölkerung von La Paz nach einer Reihe von inneren Krisen, die von den «Zinnbaronen» Patiño, Hochschild und Aramayo hervorgerufen worden waren, den Präsidentenpalast gestürmt und den Präsidenten, Oberst Gualberto Villaroel, ermordet. Sein lebloser Körper wurde an einem Laternenmast auf dem Pedro-Domingo-Murillo-Platz aufgehängt. Die Laterne steht noch heute genau gegenüber vom Palast.

Angesichts dieser Ereignisse einigten sich die Oppositionsparteien, die Kirche und andere Institutionen, die Präsidentschaft der Republik dem Vorsitzenden des Obersten Gerichts anzuvertrauen, der Wahlen anberaumen sollte. Bei dieser Wahl trugen die rechtsgerichteten Kandidaten Enrique Hertzog als Präsident und Mamerto Urriolagoitia als Vizepräsident den Sieg davon.

Hertzogs Amtszeit sollte von 1947 bis 1951 dauern. Aber plötzlich, im Jahre 1949, «erkrankte» der Präsident und zog sich auf eines seiner Besitztümer in Chulumani, in Los Yungas de La Paz, zurück. Vizepräsident Urriolagoitia regierte das Land. Daraufhin begannen einige Militärs der Loge Recht des Vaterlands (RADEPA), Freunde und Mitarbeiter des ermordeten Präsidenten, eine Auseinandersetzung mit der Regierung und entfesselten einen Bürgerkrieg, den Urriolagoitia gewann.

Gemäß der Verfassung beraumte dieser 1951 Wahlen an, bei denen Victor Paz Estenssoro und Hernán Siles Zuazo die Gewinner waren. Urriolagoitia mißachtete die Entscheidung des Volkes und übergab die Führung des Landes 1951 an eine Militärjunta unter Vorsitz von General Hugo Ballivián.

Dieses Manöver wurde als «Mamertoputsch» bekannt und verursachte große Unzufriedenheit, die im April 1952 zum bewaffneten Kampf des bolivianischen Volkes für einen demokratischen Weg führte. Unter der Losung «Den Boden dem, der ihn bearbeitet» kämpfte es für eine Reform der großen, mit Feudalmethoden von den Latifundistas verwalteten Ländereien.

Hernán Siles Zuazo, der stellvertretende Führer der MNR, erzielte am 9. April 1952 den Sieg, und am 11. April unterzeichnete General Torres Ortiz im Namen der bolivianischen Armee die Kapitulation. In Ausübung des Präsidentenamtes rief Dr. Siles Zuazo als gewählter Vizepräsident Victor Paz Estenssoro, der sich in Buenos Aires befand, nach La Paz und übergab ihm die Amtsgeschäfte.

Am 31. Oktober desselben Jahres wurden die großen Bergwerksunternehmen – die des Zinnkönigs Patiño, die von Aramayo, der außerdem mehrere Zeitungen und Rundfunksender besaß, und die des Chilenen Hochschild – verstaatlicht.

Bolivien befand sich auf dem Weg der national-demokratischen Revolution, aber nicht durch den Willen der regierenden Partei, sondern dank der Entschlossenheit des Volkes. Dieses war im Besitz von Waffen, die es dem Gegner in den ruhmreichen Apriltagen 1952 entrissen hatte. «Nicht einen Schritt zurück», lautete jetzt die Losung. Das allgemeine Wahlrecht wurde eingeführt und am 2. August 1953 in der Ortschaft Ucureña, dreißig Kilometer von Cochabamba' entfernt, das Dekret über die Bodenreform unterzeichnet. Das Latifundium wurde abgeschafft, und das Land gehörte nun denen, die es bearbeiteten.

Im Jahre 1956 fanden neue Wahlen statt. Hernán Siles Zuazo und Juan Lechín Oquendo von der MNR siegten haushoch über die Opposition; die Massen setzten ihre Vorstellungen davon, wer sie regieren sollte, durch.

Aber nun begannen die Werktätigen unter einer Wirtschaftskrise zu leiden. Der Internationale Währungsfonds ließ einen seiner Beamten namens Eder einen Plan ausarbeiten. Dieser «Eder-Plan» wurde Bolivien aufgezwungen, obgleich er den Interessen seiner Bewohner zuwiderlief.

Als sein Mandat abgelaufen war, veranlaßte Siles Zuazo Wahlen und kandidierte nicht wieder. Paz Estenssoro jedoch ließ keinen Raum für neue Männer seiner Partei und drängte auf seine Wiederwahl, obwohl man zu diesem Zweck die Verfassung ändern mußte.

In den Streitkräften breitete sich Unbehagen aus, und die Parteigruppe der MNR innerhalb des militärischen Bereichs machte auf diese Tatsache aufmerksam. Ungeachtet der Spaltung der Partei (Walter Guevara Arce hatte sie verlassen) trug die MNR abermals einen eindeutigen Sieg davon.

In dem abgelegenen Sägewerk hörte Klaus «Altmann» im bolivianischen Rundfunk Nachrichten von einer Krise. Ein Luftwaffenoffizier, wurde da ganz offen gesagt, habe sich gegen Präsident Paz Estenssoro verschworen. Man muß wachsam sein, dachte der ehemalige «Schlächter von Lyon»: Meine Dienste könnten für ein Militärregime von Nutzen sein. Seine Herren, der USA-Geheimdienst, hielten ihn in Reserve.

«Altmann» erfuhr sehr bald, daß der Luftwaffengeneral Barrientos ein Mann des Pentagons und der CIA war. Er neigte zu faschistischen Auffassungen, trug einen Haarschnitt in Nazimanier und war ehrgeizig. Von dem Augenblick an, da Barbie über die mit den Aufständischen verschworene deutsche Kolonie diese Informationen erhielt, bereitete er seine Pläne mit großer Sorgfalt vor.

Vor dem Putsch reiste der Flieger unentwegt durch Bolivien; er frühstückte auf dem Altiplano, aß in der Ebene zu Mittag und nahm sein Abendbrot im Osten ein. Die Haltung des Caudillo Paz Estenssoro, der seine Amtszeit als Präsident Boliviens unbedingt verlängern wollte, kam den Plänen Barrientos' zustatten.

Ein ehemaliger Adjutant von Barrientos berichtete, dieser sei einmal in die Gegend von Los Yungas de La Paz gereist und habe sich dort mit einem Deutschen unterhalten, der sich Klaus Altmann nannte. Barrientos wußte, daß der Mann der gefürchteten Gestapo angehört hatte, und rekrutierte ihn für sein Vorhaben.

Im November 1964 putschten der Luftwaffengeneral René Barrientos Ortuño und General Alfredo Ovando, Oberkommandierender des Heeres, gegen Paz, der das Land verlassen und ins peruanische Exil gehen mußte.

Kaum hatte Barrientos seinen Staatsstreich erfolgreich durchgeführt, siedelte der Deutsche nach La Paz über. Plötzlich tauchten paramilitärische Gruppen auf, die den neuen Amtsträger unterstützten, was im Grunde nicht nötig war, da er die Streitkräfte unter Kontrolle hatte. Diese Gruppen nannte man FURMOD. In militärischen Kreisen erzählte man sich, Barrientos habe «ein deutsches Gehirn» an seiner Seite, das ihm als Berater diente.

Nach einer relativ kurzen Zeit übergab Barrientos die Regierungsgeschäfte an General Ovando, der 1966 Wahlen ansetzte. Barrientos kandidierte mit dem von der Rechten unterstützten Christdemokraten Luis Adolfo Siles Salinas. Der Militär gewann die Unterstützung der Bauernmassen, einiger Teile der Arbeiterschaft und der Mittelschichten. Auf diese Weise wurde Barrientos zum Präsidenten Boliviens gewählt.

Bolivien, das im Krieg von 1879 seine Küstengebiete verloren hat, besitzt keinen Zugang zum Meer. Barrientos entfachte den Patriotismus der Massen. Es würde nun ein bolivianisches Schiff geben, das die rot-gelb-grüne Fahne des Landes auf allen Weltmeeren zeigen sollte – eine Vorwegnahme der Wiedereroberung der verlorenen Küste.

Man gründete das staatliche Unternehmen «Transmarítima Boliviana», dessen Aktien zu einundfünfzig Prozent in Händen der Regierung lagen. Die Mittel für das Unternehmen stammten aus den Taschen der Bolivianer, der Reichen und der Armen, der öffentlichen und privaten Beamten und Angestellten, der Bergleute, Lehrer, Fabrikarbeiter, Straßenhändler, Marktfrauen und Bauern: Jeder gab das Seine. Geschäftsführer wurde Don Klaus «Altmann», ein als Bolivianer eingebürgerter Deutscher, ein Vertrauter des Präsidenten Barrientos.

Der frischgebackene Geschäftsführer betrog das Volk. Das Schiff wurde nie gekauft. Periodisch mietete man irgendein Schiff, das dann die bolivianische Fahne hissen und für die Zeitungen fotografiert werden konnte. In seinem Amt als Geschäftsführer der «Transmarítima» wurde «Altmann» ein prominenter Geschäftsmann und reiste, versehen mit einem bolivianischen Diplomatenpaß, um die Welt.

Diese Reisen nutzte er, um Kontakte zu seinen auf fünf Kontinenten lebenden ehemaligen Kameraden von der Gestapo aufzunehmen und die Verbindung zwischen denen zu festigen, die sich versteckt hielten und von der Justiz als Kriegsverbrecher gesucht wurden.

General Barrientos ernannte «Altmann» zum Berater der Vierten Abteilung des Heeres, die auf Aufstandsbekämpfung spezialisiert war. In El Alto de la Paz, dem Sitz der Luftwaffe, richtete man ihm im Generalstab ein Büro ein; ein weiteres unterhielt er im Amt für Zivile Abwehr. Unterdessen begannen paramilitärische Gruppen – die ersten in der Geschichte Boliviens – mit Terror gegen Oppositionelle vorzugehen. Niemand protestierte dagegen.

Die CIA beauftragte den Deutschen, Barrientos zu beobachten und ihn vor jeglicher «kommunistischer Infiltration» zu schützen. Unter Barrientos' Freunden waren einige Mitglieder der Kommunistischen Partei Boliviens und des Jugendverbandes, zu ihnen gehörte Antonio Argüedas, der, nachdem man ihn für die CIA angeworben hatte, zum Innenminister ernannt wurde. Barrientos' Schwager Marcelo

Galindo und dessen persönliche Freunde wurden bezichtigt, Marxisten zu sein. Der Deutsche hatte also viel zu tun.

In einer Botschaft an die Nation sagte Dr. Hernán Siles Zuazo zu dieser Zeit: «Das Jahr 1964 bedeutete den Beginn mehrerer Versuche, dem Land ein ökonomisches, politisches und soziales Modell aufzuzwingen, das den am 9. April 1952 eingeleiteten Prozeß der Nationalen Revolution auslöschen sollte. Mit der bewaffneten Machtübernahme wollten die Befürworter des antinationalen und antipopulären Modells vor allem die schrittweise Reprivatisierung des Zinnbergbaus und der nationalen Wirtschaft im Interesse einer neuen, eng mit dem Imperialismus liierten Oligarchie erreichen.»

Am Morgen des 23. März 1967, unter einer strahlenden und sengenden Sonne, applaudierte Barrientos von der Präsidententribüne herab der Armee und den Schülern von La Paz, die über den Eduardo-Avaroa-Platz marschierten. Man beging den «Tag des Meeres» und verkündete, die Fahne des Vaterlandes wehe bereits über ausländischen Gewässern. Brausender Beifall folgte dieser offiziellen Bekanntmachung. «Altmann» lächelte zynisch.

Noch bevor der Präsident mit seiner Gefolgschaft die Tribüne verließ, überreichte ihm der diensthabende Adjutant eine dringende Mitteilung der Vierten Heeresdivision, die im Erdölzentrum von Camirí stationiert war. Eine Kompanie dieser Einheit hatte einen Zusammenstoß mit einer irregulären Truppe gehabt. Zum erstenmal wurde offiziell die Anwesenheit von Guerilleros in der Gegend von Nancahuazú erwähnt. Das Gesicht des militärischen Befehlshabers verzog sich.

Barrientos begab sich umgehend in seine Heimatstadt Cochabamba, wo sich der Sitz der Kommando- und Generalstabsschule des Heeres befand. Dort war die Elite des Militärs versammelt: Man mußte Strategie und Taktik für die Auseinandersetzung mit den irregulären Truppen besprechen.

Bereits einen Tag danach, im Morgengrauen des 24. März, empfing Barrientos in seinem Haus in Cala Cala seinen deutschen Berater, um den spezifischen Fall der Aufstandsbekämpfung zu besprechen. Dessen europäische Erfahrun-

72

gen konnten in Bolivien angewandt werden: In Frankreich hatte der angebliche Altmann der Résistance schmerzhafte Schläge versetzt. Seine Methoden, seine Anweisungen und seine Überlegungen sollten einer Gruppe von Militärs zugänglich gemacht werden, die sich der Aufklärung und der Abwehr annehmen würden.

Die Anwesenheit von Guerilleros im Südosten Boliviens verschärfte noch den krankhaften Antikommunismus des deutschen Beraters. Er war sich bewußt, daß auch seine nordamerikanischen Beschützer im Kampf gegen den Kommunismus das wichtigste Ziel sahen. Sie würden auf keinen Fall den Sieg von Marxisten in Südamerika zulassen. Der erfahrene Offizier, ausgebildet von der deutschen faschistischen Gestapo, sah den Augenblick gekommen, sich für die Dienste seiner Herren zu revanchieren.

Die Kommando- und Generalstabsschule schloß ihre Tore. Die Offiziere, die in diesem Jahr dort studierten, wurden für den Kampf gegen die «internationale Subversion» abgestellt. Den Kommandanten der Schule, Oberst Joaquín Zenteno Anaya, beorderte man als Kommandeur der Achten Bolivianischen Heeresdivision nach Santa Cruz de la Sierra; er sollte Sondertruppen für den Kampf gegen die Guerilla ausbilden. (Später, im Juli 1976, wurde Zenteno Anaya von ultrarechten Agenten im Dienste des Diktators Hugo Banzer in Paris ermordet.)

Die Offiziere der US-Armee und der CIA, die Bolivien jedwede Hilfe anboten, benutzten «Altmann» als wichtigsten Helfer. Das offizielle Korps für Guerillabekämpfung, die Rangers, wurde organisiert. Der Deutsche begab sich heimlich nach Camirí, analysierte die dortige Lage und riet Barrientos, den Kommandeur der Vierten Division, Oberst Rocha, abzulösen, da es ihm an Festigkeit in der Führung seiner Untergebenen mangele. Man ersetzte ihn durch Oberst Luis Antonio Réque Terán, einen engen Freund «Altmanns».

Die von den Rundfunksendern und Zeitungen Boliviens verbreiteten Nachrichten über die Aktivitäten der Guerilleros, die Festnahme von Régis Debray am 20. April, die Arbeit der Anhänger des bewaffneten Kampfes an der Basis, unter den Arbeitern – all das wirkte sich tief auf das Bewußtsein

73

der Bergarbeiter aus. Im Mai 1967 hatten die starken Gewerkschaften der Bergwerksanlagen Siglo XX und Catavi mit den Delegierten der Basis über die Möglichkeit beraten, eine Stellungnahme zur Guerilla abzugeben. Die Antwort ließ nicht auf sich warten: Die Gewerkschaften der Minenarbeiter forderten ihre Führer auf, ein Dokument abzufassen, das die Solidarität mit dem bewaffneten Kampf zum Ausdruck brachte. Das war gewissermaßen eine Reaktion der Werktätigen auf die Repression der Barrientos-Regierung, die bereits eine Verringerung der Löhne für die Männer in den Stollen angeordnet hatte.

In den Reihen der Guerilleros befanden sich zwei Bergarbeiterführer, die dann ums Leben kamen: Moisés Guevara und «Willy» (Simón Cuba), der am selben Tag ermordet wurde wie Che Guevara.

Anfang Juni 1967 gab der Gewerkschaftsbund der Minenarbeiter Boliviens (FSTMB), die machtvolle Organisation der unter Tage Arbeitenden, bekannt, die Guerilla könne mit der militanten Unterstützung ihrer Organisation rechnen. Die Werktätigen seien bereit, jeden Monat einen Tageslohn zu spenden, um die Kosten der Kämpfer zu decken. Außerdem erklärten sie, ihre besten jungen Kader seien dabei, Brigaden aufzustellen, die sich dem Kampf in den Bergen anschließen würden und als Revolutionäre die Pflicht hätten, die despotische Regierung Barrientos zu bekämpfen.

Die Verlautbarung der Bergarbeiter versetzte die Militärregierung, die Obersten Befehlshaber der Streitkräfte und vor allem die diplomatische Vertretung der USA in Aufruhr. Letztere verstärkte die Zahl ihrer «Berater» bei der Guerillabekämpfung. Eine Zusammenkunft jagte die andere. Die «Militärexperten» des Pentagons, die Offiziere und Agenten der CIA und der deutsche Berater Barrientos' kamen überein: Mit diesem Guerilla-Herd in der Bergwerkszone mußte Schluß gemacht werden.

Am 20. Juni begann die Einkreisung der Bergarbeiterzentren. Die Lager der Werktätigen sollten militärisch besetzt werden, ganz gleich, wie viele Kugeln und wieviel Blut es kosten würde. Die kaltblütige Planung dieser Operationen erinnerte an die deutsche Besetzung der Länder Europas im Zweiten Weltkrieg.

Einer jahrhundertealten Sitte folgend, versammeln sich die bolivianischen Familien in der Johannisnacht um ein Holzfeuer. In Städten und Dörfern, in Bergwerkszentren, selbst in den entlegensten Gegenden des Landes, verbrennen die Bolivianer Holz, Pappe, Stroh und alles, was brennbar ist, tanzen um die Flammen und stoßen mit alkoholischen Getränken auf die «Pachamáma» an.

Im frühen Morgengrauen des 24. Juni 1967 wurden die Bergarbeiter und ihre Familien vom Donner der Kanonen und Mörser und vom Rattern der Maschinengewehre geweckt; etwas später bombardierten Flugzeuge im Sturzflug die Lager. Die Regierung Barrientos hatte angeordnet, die Bergwerke zu besetzen und «Kommunisten zu jagen».

Das Bild, das sich nach diesen Angriffen bot, war grauenvoll. Dutzende Tote überall; Verletzte, denen kein Arzt zu Hilfe kam; Frauen mit offenen Leibern, verstümmelte Kinder, sterbende Greise. Blutige Stiefel, blutbefleckte Bajonette. Durch Mörsergeschosse zerstörte Hütten. Verbrannte Fahrzeuge. Das war alles, was von den bolivianischen Bergarbeiterlagern übrig blieb.

Hunderte Gewerkschaftsführer, Hausfrauen, Lehrer und Angestellte wurden verhaftet und in Konzentrationslager in unwohnlichen bolivianischen Tropenregionen gebracht. Die Gefangenen mußten sich dem feindseligen Klima anpassen oder umkommen. Niemand durfte sich günstig über die Guerilla äußern: das war die Lektion, die die Regierung dem Volk erteilen wollte.

Mehr als sechshundert Kilometer von den Bergwerkszentren entfernt schrieb an diesem Tag Comandante Che Guevara in sein Feldtagebuch: «24. Juni. Wir sind insgesamt zwölf Kilometer gelaufen, vier volle Stunden. Der Streckenabschnitt war gut und sichtbar, stellenweise mußte man ihn erfinden. Wir stiegen einen unglaublichen Steilhang hinab und folgten den Spuren von Viehzüchtern, die ihr Vieh auftrieben. Wir lagern an einem Wasserlauf am Hang des Durán-Hügels. Der Rundfunk meldet Kämpfe in den Bergwerken. Mein Asthma wird schlimmer.»

Die Bergarbeiter wurden Opfer des Nazis, der die Regierung beriet. Sehr bald gab es weitere Opfer: zwei Bolivianer, die aus der Guerilla desertierten. Sie hießen Rocabado und

Choque Choque. Aussagen, die für die Armee von großem Wert waren, wurden ihnen mit raffinierten Methoden, die bereits im besetzten Frankreich angewandt worden waren, entrissen. Die verborgene Hand des ehemaligen SS-Offiziers leitete die Repression.

Bei mehreren Gelegenheiten nahm die Guerilla bolivianische Offiziere, Unteroffiziere und Soldaten gefangen, die sich ergaben, obwohl man ihnen eingeredet hatte, sie würden, falls sie den Guerilleros lebend in die Hände fielen, gefoltert und getötet werden. Doch das Gegenteil geschah: Niemand wurde schlecht behandelt. Die Guerilleros versorgten die Wunden, manchmal mit den letzten Medikamenten, die ihnen für ihre eigenen Männer geblieben waren, bauten Tragen, um die verwundeten Gefangenen zu transportieren, und nahmen Bluttransfusionen vor. Der Anführer der Guerilla bewies, daß er ein Kämpfer war und kein Mörder. Mehrere ehemalige Gefangene informierten ihre Vorgesetzten davon, daß ihnen die Worte fehlten, um den Guerilleros für die ihnen zuteil gewordene Behandlung zu danken.

Der damalige Major Rubén Sánchez, der eine Kompanie Soldaten befehligte, geriet am 11. April in Iripití in einen Hinterhalt. Dabei kam ein Guerillero, der Kubaner El Rubio, ums Leben. Bei den Militärs gab es mehrere Tote. Sánchez verbrachte mit seinen verwundeten Soldaten eine Nacht im Lager der Guerilla. Eines Tages, als er sich dieser Geschichte erinnerte, sagte er: «Ich hätte bei ihnen bleiben sollen.»

Militärs, damit beauftragt, Offiziere und Soldaten, die zeitweilig in Guerilla-Lagern waren, zu verhören, konnten sich die Haltung der Aufständischen nicht erklären. Sie, die von der CIA und vom ehemaligen Lyoner Gestapochef ausgebildet worden waren, sahen in den Schilderungen der Soldaten «eine politische Verschwörung». Man mußte die von den Guerilleros Freigelassenen isolieren und behauptete sogar, die Guerilleros hätten ihnen Drogen verabreicht, um sie zu «Kommunisten» zu machen. Schließlich wurde festgelegt, keine Guerilleros gefangenzunehmen; sie sollten auf der Stelle getötet werden.

Am 20. April verließen der Franzose Régis Debray, der Argentinier Ciro Roberto Bustos – der sich Carlos Alberto Fructuoso nannte – und der anglo-chilenische Journalist

Andrew Roth das Lager der Guerilla. Letzterem war es gelungen, Kontakt zu einer Guerilla-Abteilung herzustellen. Alle drei wurden von den Militärs verhaftet und später heftigen Repressionen ausgesetzt.

Über die beiden Erstgenannten wissen wir etwas mehr. Jules Régis Debray wurde am 2. September 1940 als Sohn einer begüterten Familie aus den Mittelschichten in Paris geboren. Er war kein Rebell aus sozialen Gründen. Entsprechend der sozialen Position der Familie wurde er strikt nach den Familientraditionen erzogen. Nach der üblichen Ausbildung an Grund- und Oberschule gewann er bei einem Jahreswettbewerb unter den besten Schülern aller Oberschulen einen Preis in Philosophie. Im Lycée-le-Grand bekam er die besten Zensuren und bereitete sich auf die Ecole Normale vor, aus der einige der hervorragendsten Persönlichkeiten Frankreichs hervorgegangen sind.

1959 schenkten ihm seine Eltern eine Reise in die USA. Überraschend begab er sich von Miami nach Havanna, und von der kubanischen Hauptstadt aus kehrte er nach Paris zurück, um sein Philosophie-Diplom zu erwerben. 1961 besuchte er für ein paar Monate Südamerika und lebte dann wieder in der Heimat.

1963 schickte ihn die Leitung des französischen Fernsehens nach Venezuela, wo er einen Dokumentarfilm drehen sollte. Ende 1964 reiste er nach Paris zurück. In den eineinhalb Jahren hatte er mit Ausnahme von Paraguay alle Länder Lateinamerikas besucht. Während dieser Zeit schrieb er ein umfangreiches Essay «Castrismus oder der lange Weg Lateinamerikas», das in «Les Temps Modernes», einer von Jean-Paul Sartre herausgegebenen Monatsschrift, erschien. Als Korrespondent dieser Zeitschrift kam er erstmalig nach Bolivien. Er blieb etwa drei Monate im Lande und hielt Vorlesungen und Vorträge an den Universitäten von La Paz, Cochabamba und Oruro.

Mitte 1966 wurde er vom Außenminister seines Landes ausgewählt, um im Rahmen eines Kulturabkommens als Dozent für Geschichte der Philosophie an die Universität der kubanischen Hauptstadt zu gehen. Damals hatte er oft Gelegenheit, Fidel Castro und andere hohe Funktionäre der kubanischen Revolution zu interviewen.

In die Französische Kommunistische Partei trat er nicht ein, obwohl er zwei Jahre lang, bis 1963, dem Kommunistischen Studentenverband angehörte. Bei seiner Rückkehr nach Frankreich im Jahre 1966 erwarteten ihn neue Aufträge, diesmal als Journalist. Der sehr bekannte französische Verleger François Maspéro schickte Debray – wie dieser selbst erklärte – nach Lateinamerika, um ein Interview zu führen und eine Reportage zu schreiben, wie sie in der internationalen Presse selten zu finden sind. Einer anderen Version zufolge hatte Debray während seines Aufenthalts in Havanna einen Brief von Ernesto Guevara erhalten, in dem dieser ihn bat, ihn zu interviewen und Maspéro als Mittelsmann zu wählen.

Es wurden zahlreiche unterschiedliche Versionen darüber verbreitet, was Debray dazu veranlaßt hatte, eine kurze Zeit in der Guerilla des Che zu bleiben. Seine spätere Geschichte – die Festnahme, die im Gefängnis erfolgte Trauung mit Elizabeth Burgos, der Prozeß, die Verurteilung zu dreißig Jahren Haft und die auf persönliche Intervention von de Gaulle zurückzuführende Begnadigung – ist bekannt.

Tatsache ist, daß Debray Ende 1967 per Bahn über Antofagasta nach Bolivien kam. Sein Interview sollte er zusammen mit dem bereits genannten argentinischen Journalisten Carlos Alberto Fructuoso realisieren. Bustos alias Fructuoso wurde 1932 in Córdoba geboren. Er war mit Ana Maria Castro verheiratet und hatte zwei Töchter, die damals zwei und drei Jahre zählten. In Buenos Aires studierte er Bildende Kunst und unterrichtete dieses Fach in seiner Heimatstadt und in Mendoza; seine Spezialität waren Porträts. Er arbeitete als Journalist und Werbegrafiker und hatte Beziehungen zu wichtigen Zentren für Bildende Kunst in Montevideo und Buenos Aires. An Foren mit Universitätspersonal, Intellektuellen und Künstlern, die von der Linken organisiert worden waren, beteiligte er sich. Fructuoso hatte Kontakt zu den Guerillas, die 1963 im Norden Argentiniens aktiv wurden. Als er jedoch von den bolivianischen Militärs gefangengenommen wurde, war seine Haltung zweideutig. Er lieferte detaillierte Beschreibungen und Skizzen aller Guerilleros, die sich in Bolivien befanden, und erlangte bald die Freiheit.

Hingegen wurde der hervorragende bolivianische Revolutionär Jorge Vásquez Viaña ermordet. Er war am 5. Januar 1939 in La Paz als Sohn einer angesehenen Familie geboren worden. Seine Eltern waren der berühmte Schriftsteller und Historiker Humberto Vásquez Chicado und Elvira Viaña Canedo. Zunächst beendete er seine Studien auf dem La-Salle-College in La Paz. Später, im Jahre 1957, ging er zum Geologiestudium nach München.

1958 organisierten er und sein Bruder Humberto eine Vereinigung bolivianischer Studenten in der Bundesrepublik Deutschland, die sich später in den Verband Bolivianischer Studenten in Europa verwandeln sollte. Er wurde zu seinem ersten Präsidenten gewählt.

Das Interesse an politischen Studien und die Beziehungen zu verschiedenen Gruppen von Intellektuellen festigten seine marxistische Überzeugung. Er wurde zu einem der wichtigsten Propagandisten des Marxismus unter der Jugend Lateinamerikas. Gleichzeitig war er ein empfindsamer Maler.

In Deutschland heiratete er Rosa Zaunseder, mit der er drei Kinder hatte: Jana, Tupác und Antonio. Als er 1962 nach Bolivien zurückkehrte, wurde er Mitglied der Kommunistischen Partei, und diese machte ihn zum Herausgeber ihres Organs «Unidad» und zum Mitglied ihrer Militärkommission.

Um das Leben auf dem Lande unmittelbar kennenzulernen, wirkte er als Lehrer an einer Schule der Collana-Gemeinschaft in La Paz. Zusammen mit einigen seiner Genossen, mit Inti und Coco Pereda, reiste er 1965 nach Kuba, um sich militärisch und theoretisch ausbilden zu lassen. Im Juli 1966 kehrte er nach Bolivien zurück, und im August oder September desselben Jahres begann er, die bolivianische Guerilla-Bewegung vorzubereiten.

Er arbeitete hart an der Schaffung einer Operationsbasis, und nachdem er sich der Rekrutierung von Guerilleros in den Städten gewidmet hatte, ging er selbst, kurz vor den ersten bewaffneten Auseinandersetzungen, ins zentrale Lager von Nancahuazú.

Später berichtete der Deserteur Salustio Choque Choque von Viañas eiserner Disziplin, seiner Klugheit und seinen Führungsfähigkeiten. Den Genossen gab er Unterricht in

Guerilla-Theorie und -Praxis. Die Gefährten achteten ihn zutiefst, und wer ihn gut kannte, meinte, er wäre wohl zum Führer der bolivianischen Revolutionäre geworden, wenn man ihn nicht ermordet hätte.

Der in der Guerilla als «Loro» bekannte Jorge Vásquez Viaña wurde am 27. April in Monteagudo festgenommen und am 27. Mai 1967 im Militärhospital von Choreri ermordet.

Kurz nach der Festnahme von Debray, Bustos und Roth bestätigten die CIA und andere Geheimdienste der USA, der Argentinier-Kubaner Ernesto Guevara de la Serna, in der Welt als Comandante Che Guevara bekannt, stehe an der Spitze der Guerilla. Die Verlautbarung versetzte die Folterknechte in Raserei. Schuldige und Unschuldige wurden gequält; man überwachte Zivilisten und Militärs. Damit setzte die größte Verfolgungsjagd der Armee Boliviens gegen eine kleine, im Südosten kämpfende Gruppe von Männern ein.

Die von «Altmann», dem deutschen Berater Barrientos', eingeführten Terrormethoden wurden genauestens angewandt. So begann in Bolivien ein Zeitabschnitt, in dem der Terror als Kampfmittel galt. «Man muß die Guerilleros und ihre Komplizen abschrecken», lauteten die Parolen, die unter den Militärs zirkulierten.

Die Guerilla wurde zerschlagen, und Che, den man, verwundet und mit einer nicht benutzten Waffe, gefangengenommen hatte, wurde hinterhältig ermordet. Sein Tod erschütterte die ganze Welt. Das Foto seines leblosen Gesichts ging durch die Medien. Viele Gläubige meinten in seinen Zügen eine Ähnlichkeit mit Christus zu erkennen und verehrten ihn.

Nachdem Barrientos mit Hilfe der Armee und ihrer Berater die Guerilla liquidiert hatte, verbreitete sich in Bolivien in den ersten Monaten des Jahres 1969 ein offenes Geheimnis: Barrientos war dabei, sich zum Diktator und Präsidenten auf Lebenszeit zu machen.

Im April dieses Jahres verließen einige militärische Befehlshaber Bolivien. Unter ihnen der Kommandeur des Heeres. Es wurde ruchbar, die Demonstration zum 1. Mai solle unter dem Vorwand, es handele sich um einen «kommunistischen Putsch», blutig unterdrückt werden. Man sprach

auch schon darüber, wer nach dem «Putsch» gewisse Schlüsselpositionen einnehmen würde. Später fand man Listen von
Journalisten, linken und gemäßigten Intellektuellen und
Gegnern des Barrientos-Regimes, die unverzüglich hinge-
richtet werden sollten.

Unterdessen setzte Barrientos seine Werbekampagne fort.
Er besuchte Bauerngemeinschaften, nahm an religiösen
Festlichkeiten in den Dörfern teil und begleitete auch Pro-
zessionen mit Heiligenbildern. Für Sonntag, den 27. April
1969, war der Besuch zweier Ortschaften im Kreis Arque in
der Provinz Cochabamba geplant. In Arque selbst sprach er
auf einer Bauernversammlung. Er kam mit einem Hubschrauber, den ihm die Regierung der USA für seine Kampagne geschenkt hatte. Nach einer langen Rede in Quechua
trank er eine «Totuma» voller Chicha und bestieg seine Maschine, um in eine andere Ortschaft zu fliegen, wo ihn seine
Gefolgsleute bereits erwarteten.

Der Hubschrauber gewann nicht an Höhe. Ein Stahlkabel,
das über den Arquefluß gespannt war, verfing sich im Leitwerk. Der Helikopter stürzte ins Flußbett, wo er wie eine
Bombe explodierte. Alle Insassen kamen uns Leben: Präsident Barrientos, sein diensthabender Adjutant und der Pilot.

Es gab Leute, die behaupteten, es habe sich um ein Atten-
tat, um einen Mord, gehandelt. Gustavo Sánchez versichert,
es sei ein trauriger, aber nutzbringender Unfall innerhalb
der bewegten Geschichte Boliviens gewesen. Er rettete das
Land vor einer Diktatur, von der abzusehen war, daß sie
lange dauern und sehr repressiv sein würde.

Nach dem Tode von Barrientos übernahm Dr. Luis
Adolfo Siles Salinas das Präsidentenamt und regierte bis
zum 26. September 1969. Dann bemächtigte sich General
Alfredo Ovando Candia, Oberkommandierender der Streitkräfte, durch einen unblutigen Umsturz des Amtes. Er war
aus den USA, wohin er zu einer «ärztlichen Untersuchung»
gereist war, ins Land zurückgekehrt.

Ovando bildete sein Kabinett aus jungen Politikern, Gegnern von Barrientos. Er entwickelte eine neue, nationale
Linie zur Wahrung der Interessen des Landes. Die Gulf Oil
Company wurde nationalisiert, die Reichtümer des Bodens
in die Hände des Staates gelegt.

Das rief sofort die im Dienste des Imperialismus stehenden Rechtskräfte auf den Plan. Der argentinische General Lanusse besuchte überraschend Bolivien und brachte Geld für die Verschwörer mit. Er traf sich mit dem Oberkommandierenden des Heeres, General Rogelio Miranda. Bald darauf putschte Lanusse in Argentinien und übernahm die Präsidentschaft seines Landes.

Ovando war darüber beunruhigt, setzte aber weiterhin Vertrauen in seine Kameraden.

Monate später sollten sie ihn stürzen. Am 6. Oktober 1970 versuchte der Putschist General Rogelio Miranda, sich der Präsidentschaft zu bemächtigen, aber er konnte keinen Konsens unter seinen Kameraden herstellen. Es kam zu einer Art Machtkampf zwischen den Uniformierten. Nicht einmal die Vermittlung der Katholischen Kirche konnte sie besänftigen. Schließlich wurde vereinbart, daß eine Kommandeurs-Junta Bolivien regieren sollte. Die Generäle Efraín Guachalla vom Heer, Armando Sattori, von der Luftwaffe und Konteradmiral Alberto Albarracín legten den Eid auf die Verfassung und die Gesetze des Landes ab. Sie blieben genau sechs Stunden an der Macht. General Ovando hatte nach seinem Rücktritt in der argentinischen Botschaft Asyl gesucht.

Die Bevölkerung verhielt sich abwartend. Es war unglaublich, was man im staatlichen Fernsehen sah. Als General Guachalla seine Botschaft an die Nation vortrug, konnte er sich nicht auf den Beinen halten; er war total betrunken. «Ach, Scheiße, ich habe was ausgelassen!» sagte er, unfähig, seine Rede zu verlesen. Der Vertreter der Luftwaffe im Triumvirat, General Sattori, schämte sich so sehr, daß er zurücktrat und zur Hauptkaserne der Luftwaffe in El Alto de la Paz fuhr, wo sich General Juan José Torres González gegen die Autorität des Triumvirats auflehnte.

Arbeiterorganisationen wie die Bolivianische Arbeiterzentrale COB, der Bergarbeiterverband, Bauernorganisationen und andere unterstützten Torres, aber eigentlich wurde die Situation durch die in der Siebenten Heeresdivision dienenden Militärs zu seinen Gunsten entschieden. Die im Tal stationierten Einheiten kündigten, an das Triumvirat gerichtet, an: «Wir werden unsere Kasernen verlassen, die Stadt besetzen und dann in die Berge ziehen.» Ursprungsort dieser Verlautbarung war die Kaserne der Unteroffiziersschule «Sergeant Maximiliano Paredes» in Muyurina, Cochabamba.

Vom Balkon des Regierungspalastes aus sagte General Juan José Torres, umringt von Zivilisten und Militärs und unter dem Beifall einer großen Menschenmenge: «Ich schwöre angesichts des Volkes, daß ich die Verfassung und die Gesetze achten und ihnen Achtung verschaffen werde, selbst wenn es mein Leben kosten sollte ...»

Seine Amtszeit dauerte neun Monate. Rechte und linke Ultras verursachten seinen Sturz. Die deutsche Kolonie, die im bolivianischen Osten über viel Kapital verfügt, finanzierte den Putsch, der die kurze, demokratische Amtszeit von Torres beendete. Der respektable Geschäftsmann Don Klaus Altmann, Geschäftsführer der Transmarítima Boliviana, war in diese Umtriebe verwickelt. Auch einige brasilianische Gorillas waren zur Stelle.

Am 21. August 1971 gelangten die Verschwörer der zivilen und militärischen Rechten an die Macht. Oberst Hugo Banzer Suárez, ein Mann deutscher Abstammung, wurde zum Präsidenten ernannt. Die rechtsreformistische Movimiento Nacionalista Revolucionario (MNR) unter Führung von Victor Paz Estenssoro, die Bolivianische Sozialistische Falange (Falanga Socialista Boliviana, FSB), deren Anführer Mario Gutiérrez Gutiérrez Außenminister wurde, und andere, weniger bedeutsame Gruppen verschiedener rechter und faschistischer Prägung unterstützten Banzer, der sich Monate später selbst zum General beförderte und paramilitärische Repressionsorganisationen ins Leben rief. Dabei stützte er sich auf die heimliche Beratung von Klaus «Altmann».

Wie wir bereits wissen, wurde der respektable Herr «Altmann» im Februar 1972 als der Nazi-Kriegsverbrecher Klaus Barbie, im Zweiten Weltkrieg Chef der SS in Lyon, Frankreich, identifiziert. Aber das raubte ihm nicht den Schlaf: Er beriet die Regierung in Fragen der Repressionstechnik, der Folter und der Hinrichtungen, und sein Freund Banzer beschützte ihn.

Banzer regierte mit einer gewissen Ruhe, nachdem er einen Aufstand junger, sich «Institutionalisten» nennender Militärs niedergeschlagen hatte. Victor Paz Estenssoro brach zwar mit Banzer und verließ das Land, aber seine Parteigänger arbeiteten weiter in Ministerien und anderen staatlichen Ämtern mit dem Diktator zusammen. Mit jedem Tag festigte Präsident Banzer seine ökonomische und politische Stellung. Internationale Organe gewährten ihm Finanzhilfe. Die bislang in Bolivien unbekannte Auslandsverschuldung wuchs in dem Maße, in dem sich die Diktatur stabilisierte, obwohl diese in den Genuß hoher Preise für Bodenschätze kam, was sich in jenem Jahrzehnt für das Land günstig auswirkte.

Die Innenpolitik der Regierung war offen repressiv. Es gab eine Welle von politischen Morden, die den Stempel von Gestapomethoden trugen.

1977 hatte der Diktator sieben Jahre regiert, und die Forderung nach Rückkehr zum demokratischen System und der Anberaumung allgemeiner Wahlen wurde immer dringlicher. Angesichts der Notwendigkeit, einen offiziellen Kandidaten zu benennen, entschied Banzer sich für seinen Mitarbeiter und Freund, den Luftwaffengeneral Juan Pereda Asbún. Auch Oberst Alberto Natusch Busch, der, wie er, von Deutschen abstammte, bot er eine Kandidatur an.

Die von der Regierung ins Leben gerufene Wahlmaschinerie für den offiziellen Kandidaten, General Pereda, war so «glanzvoll», daß die Zahl der für den Militär abgegebenen Stimmen bei weitem die Gesamtzahl der Wähler überstieg. Es gab Proteste. Trotz seines vorherigen Versprechens, Pereda zu unterstützen, bat Banzer diesen nun, auf den Wahlsieg zu verzichten. Er versicherte, er werde weiter regieren, und bot ihm einen Diplomatenposten an. Daraufhin berief Pereda eine Pressekonferenz ein und verkündete seinen «unverrückbaren Entschluß, die Wahl nicht anzunehmen».

Zivile und militärische Freunde, die Peredas Wahl in Santa Cruz mit Geld unterstützt hatten, akzeptierten seinen Rücktritt nicht und zwangen ihn, in die Hauptstadt der Ostregion zu kommen, von wo aus man den Widerstand gegen Banzer organisierte.

Der Diktator, der sich sehr stark fühlte, stellte sich ebenfalls ein – praktisch völlig allein. Vor den militärischen Befehlshabern, die seinen Rücktritt forderten, brach er in Tränen aus und übergab General Juan Pereda Asbún die

Regierungsgeschäfte. Ein Diktator fiel; ein anderer nahm seinen Platz ein. Man schrieb das Jahr 1978.

Da die Anwesenheit eines Vertreters der Luftwaffe im Regierungspalast nicht nach dem Geschmack der übrigen Waffengattungen war, begann das Heer eine Verschwörung und verdrängte nach einigen Monaten Pereda, der von Heeresgeneral David Padilla Arancíbia abgelöst wurde. Dieser verkündete sofort, er werde «freie und demokratische» Wahlen durchführen. Sie sollten im Mai 1979 stattfinden, wobei zunächst einmal die Wählerlisten auf den aktuellen Stand gebracht werden mußten.

Es wurden mehr als ein Dutzend Kandidaten aufgestellt. In Wirklichkeit hatten nur zwei von ihnen Chancen: Hernán Siles Zuazo, der die Demokratische Volksunion (Union Democrática Popular UDP) anführte und der schon als Führer der MNR erwähnte Victor Paz Estenssoro, ein Verbündeter der maoistischen, von «Motete» Zamora geführten Ultralinken. Genannt werden muß auch die Kandidatur des Exdiktators Hugo Banzer, der nun Chef der Nationalistischen Demokratischen Aktion war.

Die UDP erzielte mit ihrem Gespann Hernán Siles Zuazo und Jaime Paz Zamora die relative Mehrheit. Es gab keinen absoluten Sieger, und nun mußte das gleichzeitig gewählte Parlament den neuen Präsidenten Boliviens bestimmen.

Eine alte Rivalität unter den Anführern der MNR führte dazu, daß die Präsidentenwahl im Parlament im Sande verlief. Ein Abtrünniger desselben Stammes, Walter Guevara Arce, wurde zum Senatspräsidenten und dann, als Zwischenlösung bis zur Ausschreibung neuer Wahlen, zum Präsidenten der Republik gewählt.

So gelang es der von Paz Estenssoro und Banzer verkörperten Rechten, den Willen des Volkes zu verhöhnen und Siles Zuazo und Paz Zamora den Sieg zu stehlen, einen Sieg, der von einer nationalen und volksverbundenen politischen Front erzielt worden war.

Der Sieg von Dr. Walter Guevara Arce gefiel Paz Estenssoro absolut nicht, obwohl es sich nur um eine Interimslösung handelte. Schon 1960 hatte Paz Estenssoro sich dagegen gewehrt, daß seine Partei Walter Guevara als Kandidaten aufstellte. Damals war er dann selbst wiedergewählt worden. Es sah so aus, als habe sich die zivilisierte Rivalität in der Parteipraxis in echten Haß verwandelt.

Gleich nach der Wahl von Guevara bereiteten Paz Estenssoro und seine Partei eine neue Verschwörung vor. Sie klopften an die Türen der Kasernen und fanden Unterstützung bei einem jungen Militär, der im Heer geachtet war; er war eine Autorität innerhalb der Streitkräfte: Oberst Alberto Natusch Busch, ehemaliger Minister Banzers und zur Zeit Kommandeur des Heeres.

Die Rückkehr zu demokratischen Verhältnissen in Bolivien war mit einem Titanenwerk gleichzusetzen. Die Regierung Nordamerikas unterstützte Walter Guevara und gab Bolivien auch einen Sympathiebeweis: Ende Oktober 1979 hielt die Organisation Amerikanischer Staaten ihre Vollversammlung in La Paz ab. Die internationale Organisation nahm eine Resolution an, mit der Boliviens Anliegen in der Frage des Meeres unterstützt wurde. Für Regierung und Volk Boliviens war die Vollversammlung positiv.

Noch hatten einige der ausländischen Delegationen La Paz nicht verlassen, als die Armee im Morgengrauen des 2. November den Regierungspalast besetzte, Überfallwagen durch die Straßen fuhren und wahllos um sich schossen. Die Rundfunksender meldeten, Alberto Natusch Busch sei nach dem Willen der Streitkräfte und angesichts der «mangelnden Kohärenz bei der Führung des Landes» neuer Präsident Boliviens. Nach verschiedenen Quellen zu urteilen, wurde der Militärputsch von der MNR, der Nationalistischen Demokratischen Aktion (ADN) und der FSB unterstützt. Die Struktur des Kabinetts bestätigte diese Information. Guillermo Bedregal Rodríguez, ein absoluter Vertrauter von Paz Estenssoro, wurde Kanzler und Sprecher der Regierung.

Präsident Guevara wurde nicht festgenommen; zusammen mit seinem Kanzler Gustavo Fernández Saavedra fand er im Hause von Freunden Unterschlupf. Er war nicht zurückgetreten und daher, nach Verfassung und Gesetzen, noch immer Präsident Boliviens. Der Kongreß konnte zusammentreten und das Ansinnen Natuschs und seiner Verbündeten zurückweisen. Die Kraftprobe zog sich über achtzehn Tage hin. In den Straßen von La Paz fand man immer mehr Tote.

Später wurde behauptet, man habe ohne Kenntnis des Oberst Natusch einfache Leute massakriert, simple Zuschauer der Aktionen der jeweiligen Totschläger. Mit heiserer Stimme erklärte Paz Estenssoro, seine Partei unterstütze den Putsch nicht; aber ihre Mitglieder befanden sich im Palast.

Wie General Alfredo Ovando Candia, der frühere Präsident Boliviens, Gustavo Sánchez berichtete, erhielt er am 15. November um vier Uhr morgens in seiner Wohnung am Platz Isabel la Católica überraschend Besuch. «Zunächst», erzählte Ovando, «glaubte ich, man wolle mich verhaften. Natusch Busch kam mit zwei Adjutanten und verlangte, mit mir allein zu sprechen. Er wollte meine Ratschläge angesichts dessen, was da vor sich ging. Ich sagte ihm, seine Sache sei verloren, man habe sich seiner bedient, er solle zurücktreten und nach Hause gehen.»

Eine Stunde lang unterhielt sich Natusch Busch mit Ovando, dem er in allen Einzelheiten erzählte, wie die Idee des Putsches entstanden sei: Sogar die Kommunistische Partei habe in der Person ihres führenden Mitglieds Marcos Domic ihre Unterstützung angeboten; einige Führer der MIR hätten dasselbe getan; es sei etwas anderes herausgekommen; es habe Verrat gegeben, und er sei derselben Meinung wie Ovando: Man habe ihn benutzt. Er habe beschlossen, in die Kaserne zurückzukehren, allerdings müsse auch Guevara abdanken und die Regierung abgeben.

Genau dies geschah. Guevara verzichtete auf die Präsidentschaft, und laut Verfassung mußte dieses Amt nun an den Präsidenten der Abgeordnetenkammer übergehen. Der Vorsitz in diesem Gremium lag in den Händen der Abgeordneten Lidia Gueiler Tejada, einer Angehörigen der MNR und der von Victor Paz Estenssoro angeführten politischen Front. Lidia Gueiler wurde zur Präsidentin Boliviens gewählt. In der bewegten Geschichte dieses Landes war sie die erste Frau, die die Geschicke des Staates lenkte.

Gemäß den getroffenen Vereinbarungen schrieb sie für Mai 1980 allgemeine Wahlen aus. Parteien und Bündnisse setzten eine neue Kampagne in Gang, und der offizielle Apparat unterstützte die Kandidatur von Victor Paz Estenssoro. Die UDP mußte während des Wahlkampfes mit einer Reihe von Behinderungen fertig werden. Ihre aktiven Mitglieder wurden von Angehörigen des Innenministeriums geschlagen. Das Sportflugzeug des damaligen Chefs der Sektion II im Heereskommando, Oberst Luis Arce Gómez, wurde Opfer eines Unfalls oder einer Sabotage – dies ist noch nicht aufgeklärt –, wobei bekannte Führer der UDP ums Leben kamen. Einziger Überlebender war der Kandidat für die Vizepräsidentschaft, Jaime Paz Zamora, der grauenhafte Verbrennungen erlitt.

Und dennoch schlug die UDP erneut die Rechte. Die Militärs, die mehr als zwölf Jahre lang das Land regiert hatten, konspirierten weiter. Anhänger der Diktatur ermutigten ihre uniformierten Freunde, einen weiteren Putsch «anzuleiten und zu fördern». Die Präsidentin besaß keinerlei Einfluß und Unterstützung.

Auf den Straßen, in den Konditoreien, in Bars, Restaurants, Nachtklubs, Kirchen und Kasernen sprach man von einem nächsten Putsch. Auf die eine oder andere Weise war die gesamte Bevölkerung auf dem laufenden – nur nicht die Präsidentin.

In dieser Situation sparte der Berater Barbie nicht mit Ratschlägen für seine Freunde vom Militär. Unter Leitung der II. Abteilung des Heereskommandos wurden zu Beginn des Jahres 1980 irreguläre Truppen aufgestellt und Paramilitärs unter Vertrag genommen. Aus dem Ausland kamen Spezialisten für Repression und Folter ins Land.

Die argentinische Militärregierung schickte mehr als ein Dutzend Experten. Die Gorillas vom Rio de la Plata zeigten großes Interesse am bolivianischen Problem. Später, nach dem siegreich verlaufenen Putsch, wurden sie vom Innenminister, Oberst Luis Arce Gómez, für ihre «speziellen Dienste, die sie der Nation geleistet hatten» ausgezeichnet. Dafür liegen Beweise vor.

Am 12. Februar 1980 sicherte sich das Heer auch formal durch Vertrag die Dienste des Kriegsverbrechers Klaus Barbie, der sich noch immer Klaus «Altmann» nannte. Das Dokument wurde in der Hauptkaserne von Miraflores in La Paz aufgesetzt, dem Sitz des Oberkommandos der Streitkräfte des Landes. Dem Mörder wurde der Rang eines Oberstleutnants honoris causa verliehen.

Im Mai 1980 führte Gustavo Sánchez ein Interview mit General Luis García Meza. Der Militär sagte, seine Waffengefährten hätten ihn gebeten, «die Zügel in die Hand zu nehmen und Ordnung zu schaffen». Er nannte keine Details über die Vorbereitungen eines neuen Umsturzes, machte aber kein Hehl aus seinen Absichten und bezeichnete sich als linken Nationalisten.

Tage später aß Sánchez privat mit dem ehemaligen Präsidenten Ovando zu Mittag. Dieser bestätigte dem Journalisten, es werde tatsächlich ein Putsch vorbereitet und «Altmann» und Arce Gómez hätten einen makabren Plan ausgeheckt. Die Aktionen würden blutig verlaufen; die Führer der Linken und der COB sollten ermordet werden. Er wußte das von ernst zu nehmenden Leuten aus Militärkreisen, die ebenfalls besorgt waren.

Sánchez beschloß, seine Freunde vor einer so schrecklichen Eventualität zu warnen, und traf sich zu diesem Zweck mit Hernán Siles Zuazo in dessen Wohnung in San Jorge. Der künftige Präsident erschrak zutiefst, doch nachdem er die Überlegung angestellt hatte, daß ein neuer Putsch sehr negativ für die Streitkräfte sein würde, verringerten sich seine Ängste anscheinend. Dessen ungeachtet informierte er seine Gefährten von der UDP.

Am 16. Juli 1980 feierte die Bevölkerung von La Paz einen Jahrestag der Stadtgründung. Am Tage darauf zwangen die Militärs Lidia Gueiler zum Rücktritt, und General Luis García Meza übernahm die Macht. In Bolivien begann eine selektive Mordwelle. Erstes Opfer war der Führer der Sozialistischen Partei, der Abgeordnete für Cochabamba Marcelo Quiroga Santa Cruz – ein brillanter Intellektueller, ehemaliger Minister und wichtigster Mann bei der Verstaatlichung des Erdölunternehmens Gulf Oil Company.

Kasernen verwandelten sich in Gefängnisse. Nicht identifizierte Gruppen überfielen Privatwohnungen. Das Gebäude, in dem die Bolivianische Arbeiterzentrale ihren Sitz hatte, wurde zerstört, eine Ausgangssperre verhängt. Angehörige paramilitärischer Organisationen patrouillierten in den Straßen der Städte. Erstmalig in Bolivien wurden Krankenwagen als Überfallwagen benutzt.

Argentinische Militärs beteiligten sich an Operationen, Festnahmen, Morden und Foltern. Klaus «Altmann»-Barbie erfüllte strikt sein mit dem Heer unterzeichnetes Abkommen.

In diesem Zeitraum erreichte der Drogenschmuggel sein höchstes Ausmaß. Er wurde, wie die Quellen bestätigen, vom Innenministerium aus gelenkt.

Der Oberste Rechnungsführer der Republik erklärte offen, er sei Angehöriger einer Terrororganisation, die unter dem Namen «Die Verlobten des Todes» bekannt geworden war. Ihr Chef und Gründer: Klaus «Altmann».

Den verstümmelten Körper des Priesters und Dritte-Welt-Experten Luis Espinal fand man auf einer Müllhalde. Später, im Januar 1981, wurden in der Harrington-Straße in La Paz sieben nationale Führer der MIR ermordet.

Alle Menschenrechte wurden systematisch verletzt.

Am 4. August 1981 erhob sich die in Santa Cruz gelegene Achte Heeresdivision in Waffen gegen Präsident García Meza. Ihre Anführer waren die Generäle Alberto Natusch Busch und Lúcio Anez. Klaus «Altmann»-Barbie – und dabei war Gustavo Sánchez Zeuge – leitete von der in der Nataniel-Aguirre-Straße gelegenen Kommandantur der Siebenten Luftlandedivision von Cochabamba aus die Verteidigung der Regierung. Kommandeur dieser Division war General Vildoso Calderón, ein Schüler und persönlicher Freund «Altmann»-Barbies.

Um «ein unnützes Blutvergießen und unschuldige Opfer» zu vermeiden, trat General García Meza zurück und übergab die Macht an die Kommandeure der drei Waffengattungen: General Celso Torrelio vom Heer, General Walter Bernal von der Luftwaffe und Konteradmiral Oscar Panmo von der Marine.

Tage später übertrugen die drei Militärbefehlshaber die Regierungsverantwortung dem Vertreter des Heeres, General Celso Torrelio, der bis zum Januar 1982 regierte.

Die Militärs verloren immer mehr an Einfluß. Eine Wirtschaftskrise suchte das Land heim. In den Gewerkschaften organisierte Werktätige, Angehörige der Mittelschichten und sogar Privatunternehmer forderten eine stabile Regierung und die Respektierung der Wahlergebnisse von 1980.

Angesichts dieser Forderung des Volkes trat Torrelio zurück, und General Guido Vildoso Calderón übernahm die Macht. Im Regierungspalast gab der neue Mandatsträger seine erste Audienz, und der Gesprächspartner war kein anderer als Klaus «Altmann»-Barbie, sein Berater und Freund. Die bolivianische Presse hob dies hervor, um einen Eindruck von den Absichten des neuen Diktators zu vermitteln.

Das bolivianische Volk drängte weiter auf einen Wechsel im System. Es forderte die Achtung der Wahlen von 1980; eine Reihe von Streiks und Arbeitsniederlegungen hemmten die Verwirklichung der Absichten der militärischen Abenteurer.

Vildoso gab bekannt, er werde die Präsidentschaft an jeden übergeben, den das Parlament benennen sollte. Er berief den Nationalen Kongreß ein, und am 10. Oktober 1982 übernahm Hernán Siles Zuazo zum zweitenmal das Amt des bolivianischen Präsidenten.

Etwa drei Monate später wurde Gustavo Sánchez zum Stellvertretenden Informationsminister ernannt: auf Drängen seines engen Freundes und Kampfgefährten Dr. Mario Rueda Peña. Beide hatten sich nicht mehr gesehen, seit sie sich 1974 in Buenos Aires getrennt hatten: Rueda Peña war in die Deutsche Demokratische Republik gereist und Sánchez nach Panama. Die Jahre des Kampfes in Bolivien und im Exil hatten starke Bande zwischen beiden Männern geknüpft.

Nachdem er zum Informationsminister ernannt worden war, wurde Rueda Peña der offizielle Sprecher des Präsidenten. Seine klare Intelligenz, seine gelassene Angriffslust und seine passenden Reaktionen auf Provokationen machten aus ihm den solidesten Stützpfeiler der demokratischen, volksnahen Regierung. Gemeinsam ertrugen Sánchez und Rueda Peña eine schmutzige Kampagne der Rechten und der maoistischen Ultralinken, die durch die Nabelschnur des Opportunismus miteinander verbunden waren. Sie widerstanden den Angriffen der Privatunternehmer und ihrer Gefolgschaft; alles in allem waren sie die Blitzableiter für den Präsidenten und seine Regierung.

Im Informationsministerium wurde der Plan entwickelt, Barbie aufgrund einer nicht bezahlten Schuld der bankrott gegangenen «Transmarítima Boliviana» beim staatlichen Unternehmen COMIBOL festzunehmen.

Danach spitzte sich die Kampagne gegen Rueda Peña und Sánchez zu. Nicht nur die rechtsgerichtete Presse, sondern auch das Parlament forderte ihre Bestrafung. Der Senat nahm eine Mitteilung an den Präsidenten an, in der die Absetzung des Vizeministers gefordert wurde. Während der Innenminister noch zögerte, versicherte der Präsident Sánchez öffentlich seines Vertrauens, und eines Tages sahen die Passanten die beiden auf einem gemeinsamen Spaziergang durch die Straßen im Stadtzentrum. So war Siles Zuazo: einfach und von einer beneidenswerten moralischen Stärke.

Der unter dem Namen «Motete» bekannte ultralinke Senator aus den Reihen der Maoisten forderte den Stellvertretenden Minister auf, ein Curriculum vitae, also einen Lebenslauf, mit der ins Detail gehenden Schilderung seiner Tätigkeit in den letzten zehn Jahren vorzulegen. Er glaubte, Sánchez würde seinen Aufenthalt in Kuba verschweigen. «El Diario», das reaktionärste Presseorgan des Landes aus La Paz, veröffentlichte auf der Titelseite ein Interview, in dem Sánchez über seine Aktivitäten sprach. Niemals hatte er sein öffentliches oder privates Verhalten bestritten. «Ich habe weder jemanden betrogen, noch war ich ein Söldner und schon gar nicht ein Verräter. Motete Zamora war und ist genau das: Er hat Comandante Che Guevara verraten», sagt Sánchez heute.

In dieser Zeit erschien in einem Morgenblatt aus Caracas ein Artikel, der von einer angeblichen nordamerikanischen Journalistin unterzeichnet war und in dem es hieß, Gustavo Sánchez sei Kubaner. Er sei in Cienfuegos geboren und daher ein Geheimagent der Regierung Fidel Castros.

Die Antwort ließ nicht auf sich warten. Augusto Montecinos, ein in Venezuela arbeitender Kollege von Sánchez, verfaßte einen Gegenartikel, in dem er die Behauptungen der angeblichen Journalistin zurückwies und versicherte, «Chino» Sánchez sei «allen seinen Kollegen bekannt» und sei «typischer für Cochabamba als die maulbeerfarbene Chicha».

Präsident Siles Zuazo hatte volles Vertrauen zu Sánchez. Jeden Morgen informierte der Vizeminister den Staatschef über die Neuigkeiten, die es im Lande gab, damit dieser die Ereignisse auswerten konnte. Mehrmals besuchte der Würdenträger seinen Vertrauensmann spätnachts im Büro, um sich mit ihm zu unterhalten, und zweimal sogar in seinem Zimmer im Hotel Crillon, sechzig Meter vom Innenministerium entfernt. Wenn es Gerüchte oder ernsthafte Gefahren gab oder wenn der Präsident ins Landesinnere reiste, wich Sánchez nicht von seiner Seite und sorgte für dessen Sicherheit.

Rueda und Sánchez waren die festesten Stützen des Präsidenten in seinem Kampf gegen die Drogenschmuggler. Beide Regierungsbeamte setzten ihr Leben aufs Spiel, um Siles zu verteidigen. Vierundzwanzig Tage dauerten die Einsätze gegen die Drogenschmuggler. Dabei wurden zweiundvierzig Fabriken für die Kokainkristallisierung zerstört, etwa tausendfünfhundert Kilogramm dieser Droge, sechzehn Sportflugzeuge verschiedener Modelle, sechs große Flugzeuge und mehr als hundert Generatoren beschlagnahmt. Das Regierungsteam hatte Opfer zu verzeichnen. Im Kampf starb Leutnant Mercado, und mehrere Wachsoldaten wurden verletzt. Aber auch bei den Schmugglern gab es Verluste. Acht Güter, von denen fünf dem «Kokainkönig» Roberto Suárez gehörten, wurden beschlagnahmt und der Nationalen Polizei übergeben. In- und ausländische Journalisten begleiteten den Vizeminister bei seinen Einsätzen, so daß es darüber Beweise und Zeugenaussagen gibt.

Nun legten Rechte und Linke Steine auf den Weg der Demokratie. Sie drängten auf einen Sturz des Präsidenten Siles Zuazo. Wie immer beteiligte sich die Katholische Kirche an den am Bischofssitz stattfindenden Verhandlungen.

Im Juni 1984 wurde Dr. Siles Zuazo Opfer einer Entführung, der ersten in der Welt, bei der es sich um einen Staatschef handelte. In diesen beschämenden Zwischenfall waren sogar einige seiner engsten Mitarbeiter verwickelt.

Als dies Ereignis stattfand, befand sich Gustavo Sánchez in Cochabamba an der Kommando- und Generalstabsschule des Heeres, die sich in Waffen erhoben hatte, um die Ablösung ihres Kommandeurs General Simón Sejas Tordoya zu erreichen. Der Vizeminister verhandelte und hielt Versammlungen ab, um eine nutzlose Auseinandersetzung zu verhindern. Einige Führer der Partei des Präsidenten ermutigten von La Paz aus die Aufständischen.

Im Morgengrauen des 30. Juni 1984 um sechs Uhr fünfundvierzig weckte ein Telefonanruf Gustavo Sánchez, der in Cochabamba im gleichnamigen Hotel untergekommen war. Ein Adjutant des Präsidenten, der bolivianische Polizeimajor René Terrazas, teilte ihm mit, der Präsident sei aus seiner Wohnung entführt worden. Sofort setzte sich Sánchez mit den Militärbehörden von Cochabamba in Verbindung, die treu zur Regierung standen. Ihre Haltung war beispielhaft. In weniger als einer Stunde hatten sie die Stadt unter Kontrolle und nahmen Kontakt mit den anderen Einheiten im Landesinnern auf.

Bewaffnet mit einer Maschinenpistole, begab sich Sánchez in die Hauptstadt. Die gesamte Garnison war in Aufregung. Es herrschten ernste Zweifel an der Haltung der Kommandeure der Nationalen Polizei. «Die Leoparden», eine von nordamerikanischen Kommandos angeblich für den Kampf gegen die Drogenschmuggler ausgebildete Sondergruppe, waren die Entführer. Ihr Kommandeur, Oberst Germán Linares, transportierte den Präsidenten höchstpersönlich. Dies war der einzige Einsatz, der dieser von «Vietnamhelden» trainierten Sondergruppe gelang. Der Verantwortliche für die Entführung war Oberst Rolando Sarábia. Mit von der Partie waren auch Zivilisten – die dann hohe Funktionen in der folgenden Regierung Paz Estenssoro übernahmen – und einige politische Persönlichkeiten, die Sitze im bolivianischen Parlament bekamen.

Rueda und Sánchez lieferten den Beweis dafür, daß der Präsident Opfer einer Kampagne der Drogenhändler war, denen es gelang, den Vorsitzenden des Komitees zur Bekämpfung gefährlicher Stoffe, Rafael Otazo, einzuwickeln. Dieser war ein Kindheitsfreund von Siles und gleichzeitig ein treuer Berater des Botschafters der USA, Edwin Corr. Dessen Frau pflegte zum Fünfuhrtee in der Residenz des Yankee-Diplomaten zu erscheinen.

Während der letzten Krise des Kabinetts unter Präsident Siles Zuazo im März 1985 wurde Gustavo Sánchez zum Minister für Inneres, Justiz und Einwanderung ernannt, wobei er Dr. Federico Alvarez ablöste.

Ende Juni 1985 erkannte Bolivien die Regierung der Volksrepublik China an und brach die Beziehungen zu Taiwan ab. Das verursachte Aufruhr innerhalb der Streitkräfte. Der Botschafter «Nationalchinas», Eduardo Wong, hatte es verstanden, enge Verbindungen zu zahlreichen Militärs zu knüpfen. Die drei Waffengattungen der Streitkräfte hatten den Diplomaten mit hochrangigen Orden ausgezeichnet; außerdem stellten sie ihm einen bewaffneten Geleitschutz. Ein unhöflicher Brief an Außenminister Edgar Camacho Omiste, in dem das Oberkommando gegen den Regierungsentschluß protestierte, provozierte die letzte Kabinettskrise während der Amtszeit des Präsidenten Siles Zuazo.

Nachdem der Würdenträger den Rücktritt Camachos entgegengenommen hatte, ernannte er Gustavo Sánchez Salazar in Ausübung seines Postens als Innenminister zum Interims-Kanzler der Republik.

Schließlich trat Siles, ein Jahr vor Ablauf seiner Amtszeit, zurück und teilte mit, er werde Wahlen einberufen.

Für seine Anhänger und für seine Gegner war dies eine kalte Dusche. Dr. Siles Zuazo, der Bannerträger der Demokratie in Lateinamerika, sah das System, für das er so sehr gekämpft hatte, in ernster Gefahr.

In seiner Eigenschaft als Kanzler und Innenminister begleitete Sánchez Dr. Hernán Siles Zuazo zum Nationalkongreß, als er dort am 6. August 1985 die Führung des Landes an Dr. Victor Paz Estenssoro, den vom Kongreß gewählten Präsidenten, übergab.

Sánchez legte seine Ämter in beiden Ministerien nieder. Er informierte den neuen Präsidenten darüber und verließ Bolivien. Seine große Mission, die Übergabe des «Schlächters von Lyon» an die französische Justiz, war längst erfüllt. Klaus Barbie wartete auf seine Aburteilung durch ein Gericht derselben Stadt, in der er mit seinen Greueltaten gewütet hatte.

Kapitel VI
Der Schlächter von Lyon

Klaus Barbie wurde am 25. Oktober 1913 in Bad Godesberg, nahe der heutigen Hauptstadt der Bundesrepublik Deutschland, Bonn, geboren. Er war noch nicht ein Jahr alt, als der Erste Weltkrieg ausbrach, in dessen Verlauf sein Vater, Nikolaus Barbie, bei der Schlacht vor Verdun eine Halsverletzung davontrug und von den Franzosen gefangengenommen wurde, was der kleine Klaus dieser Nation niemals verzeihen sollte. Als sein Vater 1933 an Krebs starb, sah er die Todesursache in der Kriegsverletzung.

Nikolaus Barbie war Lehrer; sein Sohn besuchte bis zu seinem zehnten Lebensjahr die Schule, in der er unterrichtete. Trotz seines Berufs war Vater Barbie durchaus kein Vorbild für andere. Er trank übermäßig viel und mißhandelte seine Kinder oft. Die Mutter von Klaus heiratete er, als der Junge vier Monate alt war.

1923 kam Klaus nach Trier, um dort weiterzulernen. «So begann für mich eine völlig neue Zeit», schrieb er 1934 in einem Aufsatz, «endlich war ich unabhängig.» Klaus war klein von Statur und ruhig veranlagt. Er besaß eine mäßige Intelligenz; das einzige, was ihn von seinen Mitschülern unterschied, war seine ausgesprochene Sprachbegabung.

Bald siedelte die ganze Familie nach Trier über, und Klaus mußte wieder im Elternhaus leben. Das war für ihn eine schwierige Zeit. Über seine Jugendjahre schrieb er später: «Die furchtbaren Leiden jener Zeit sollten für immer mein Geheimnis bleiben ... Sie sollten mir eine Lehre für die Zukunft sein. Diese Jahre zeigten mir, wie hart das Leben und wie schrecklich das Schicksal sein kann.»

Sicher war mit den «furchtbaren Leiden» das Drama gemeint, das die Familie im Jahre 1933 traf, als der jüngere

Bruder Kurt mit achtzehn Jahren an einer chronischen Krankheit und nur vier Monate danach auch der Vater starb.

Aber im Jahre 1933 gab es etwas, wo der traurige junge Mensch Trost fand: die Hitlerbewegung. Im April 1934 trat Klaus der Jugendorganisation der NSDAP bei und war sehr bald von der Ideologie der Bewegung überzeugt. Mit seinen zwanzig Jahren hatte er nicht viele Alternativen: Seine Zensuren waren mittelmäßig und hätten es ihm nicht erlaubt, auf die Universität zu gehen. Dieser Weg war ihm ohnehin verwehrt, da der Tod des Vaters die finanzielle Lage der Familie einschneidend verschlechtert hatte. Er hätte gern Philologie studiert; seine Neigung zur Linguistik sollte ihm sowohl in Frankreich als auch in Bolivien von Nutzen sein.

Statt dessen meldete sich Klaus Barbie zum Reichsarbeitsdienst und ging nach Niebüll, einer Ortschaft an der Nordseeküste. Der Arbeitsdienst war eine Organisation zur Schaffung von Arbeitsplätzen und stand unter Kontrolle der NSDAP. Klaus blieb dort von April bis Oktober 1934 und kehrte dann zurück nach Trier. Kurze Zeit darauf wurde er enger Mitarbeiter von Karl Hormann, dem Gebietsführer der Hitlerjugend. Innerhalb weniger Wochen führte dieser ihn in die Arbeit der Polizei ein. Er hatte in seinem jungen Sekretär genau die Härte erkannt, die später seinen Opfern das Blut in den Adern gerinnen lassen sollte, und sah in ihm ein gutes Element für die Gestapo oder die Kräfte des Sicherheitsdienstes (SD).

Barbie war von dieser Perspektive fasziniert und füllte umgehend seinen förmlichen Antrag zur Aufnahme in die SS aus. Mehr als sechs Monate vergingen, ehe er von Reinhard Heydrich, dem Chef des Sicherheitsdienstes, in Berlin empfangen wurde. Da er auf diesen führenden Nazi einen guten Eindruck machte, wurde er am 25. September 1935 mit der Mitgliedsnummer 272 284 in die SS aufgenommen. Er arbeitete zunächst in der zentralen Dienststelle des SD, in der Sektion IV-D. Zuvor legte er bei einer speziellen Feier den Treueid auf Hitler ab.

Sehr bald wurde er ins Polizeipräsidium am Alexanderplatz versetzt. Seine Vorgesetzten hatten erkannt, daß sich seine Talente dort besser entwickeln konnten, und begannen, ihn in Verhörtechniken zu unterweisen. Im Verlaufe des nächsten halben Jahrhunderts sollte Barbie das Gelernte anwenden, nicht nur unter Hitlers Regierung, sondern auch unter den bolivianischen Diktaturen.

Es wurde ihm eine Gruppe unterstellt, die beauftragt war, «Juden, Homosexuelle und Prostituierte» festzunehmen, und so hatte der Neuling erstmals Gelegenheit, den «Gegner» physisch anzugreifen. Durch seine völlige Kälte angesichts menschlichen Leidens und durch seinen Zynismus erntete er wachsendes Ansehen bei seinen Vorgesetzten. Am 1. Mai 1937 wurde er als Mitglied in die NSDAP aufgenommen. In diesem Jahr setzte er seine Studien an der Akademie der Reichsführerschule der NSDAP in Bernau fort und besuchte Führungslehrgänge in der Hauptstadt. Seine Karriere als SS-Offizier ließ sich gut an.

Die SS war 1925 von Hitler geschaffen worden. Ihre Hauptaufgabe bestand zunächst darin, über die persönliche Sicherheit der NSDAP-Führer zu wachen. Bevor Heinrich Himmler sie 1929 übernahm, war sie nur eine kleine, aus dreihundert Mann bestehende Einheit. Viel mächtiger war damals noch die bewaffnete Gruppe der Braunhemden, die SA, die sechzigtausend Mitglieder zählte. Aber Himmler verwandelte die SS in ein streng diszipliniertes, den Befehlen des «Führers» gehorchendes Korps, dessen Mitglieder sich unter anderem dadurch «hervortaten», daß sie Hitlers Rassenwahn teilten. Peinlich genau überprüfte man ihre Vorfahren, weil man sichergehen wollte, daß sie «reinrassige Arier» waren. Auch ihre künftigen Ehefrauen mußten den «Ariernachweis» bringen. Bei der Ausbildung wurde ihnen die Mystik von «Rasse, Blut und Boden» vermittelt. Vor Ablauf des Jahres 1930 hatte Himmler aus der SS eine Elitearmee von dreitausend völlig dem «Ideal» des Rassismus ergebenen Männern gemacht.

Bei Beendigung des Krieges zählte die SS etwa eine Million Mann und trug die direkte Verantwortung für die Konzentrationslager, die Polizei und die Waffen-SS, der auch Soldaten aus anderen Ländern angehörten.

Für die SS-Leute war Gewalt etwas Herrliches. Sie betrachteten sich als wahre Verkörperung des von Nietzsche beschriebenen Übermenschen, der die Freiheit besaß, nach seinen eigenen moralischen Ideen zu leben, und sie waren tatsächlich Hitlers rechter Arm. Zweifellos fiel es manchen SS-Männern schwer, sich an Grausamkeit und Gewalt zu gewöhnen; aber Barbie gehörte nicht zu diesen «Schwächlingen». Physische Brutalität war für ihn nichts Neues: Er brauchte sich nur der Wutausbrüche seines betrunkenen Vaters zu erinnern.

Es ist also nicht verwunderlich, daß er sich vierzig Jahre später als «Idealisten» bezeichnete und sich voller Stolz seiner Nazivergangenheit erinnerte: «Wissen Sie eigentlich, was ein SS-Mann ist? Ein Übermensch ...»

Klaus Barbie, der mittelmäßige Schüler, der oft von seinem betrunkenen Vater geschlagen worden war, wußte, sein Leiden hatte ein Ende gefunden. Der Haß auf Franzosen und Juden wurde nun staatlich sanktioniert; er hatte seinen endgültigen Weg gefunden.

Im April 1939 verlobte er sich mit der dreiundzwanzigjährigen Regina Margarete Maria Wilhelms, der Tochter eines Postbeamten. Sie kam aus bescheidenen Verhältnissen, hatte die Mittelschule nicht beendet und war eine Zeitlang Serviererin in Berlin gewesen. Zwei Jahre vor der Verlobung, verzog sie nach Düsseldorf, wo sie in einem Kinderheim arbeitete, das der Nazi-Frauenorganisation unterstand. Natürlich gehörte sie der NSDAP an.

Nach der üblichen Überprüfung der «Reinrassigkeit» des Paares heirateten beide am 25. April 1940 in Berlin. Obwohl im katholischen Glauben erzogen, akzeptierten sie eine von der SS speziell für ihre Angehörigen geschaffene Zeremonie, bei der symbolisch Brot und Salz gereicht und statt des klassischen Brautstraußes Tannenzweige getragen wurden. Fünf Tage zuvor war Barbie zum SS-Untersturmführer ernannt worden.

Zwei Wochen später, am 10. Mai, überfiel die deutsche Armee Westeuropa. Nach einer kurzen Dienstzeit in Frankreich kam Barbie ins Amt für Judenfragen in Den Haag. Da er sich dort besonders eifrig zeigte, wurde er auf Empfehlung seiner Vorgesetzten zum SS-Obersturmführer befördert und nach Amsterdam versetzt.

Die Judenverfolgung in Holland erwies sich als ein gutes Versuchsfeld für den späteren «Schlächter von Lyon». Die Besatzer erließen mehrere Gesetze, darunter eines, das die

Beschlagnahme aller Industrie- und Handelsfirmen, ganz gleich, welcher Größe und Bedeutung, vorsah, deren Besitzer oder Aktionäre Juden waren. Solche Betriebe wurden «arisiert». Den Juden war verboten, Berufe auszuüben; sie mußten sich einer besonderen Zählung unterwerfen und so weiter. Ab Februar 1941 schritt man zur physischen Gewalt.

Zur Überraschung der SS leisteten die holländischen Juden und Nicht-Juden erbitterten Widerstand. Als bei einem der brutalen Naziüberfälle ein SS-Mann durch Fußtritte getötet wurde, ließ die SS als Vergeltung sechs Männer aus dem Widerstand hinrichten, evakuierte die Nicht-Juden und sperrte das alte Judenviertel ab. Die Kämpfe zogen sich über mehrere Wochen hin, ehe das Ghetto vollständig isoliert werden konnte.

Während seiner Dienstzeit in Amsterdam war Barbie Mittelpunkt eines Ereignisses, über das viel geredet wurde. Zwei nach Holland geflüchtete deutsche Juden hatten im vornehmsten Wohnviertel der Stadt eine Eisdiele eingerichtet, die sehr beliebt war. Barbie führte einen Trupp an, der den Laden überfiel. Er zerschlug einen Aschenbecher auf dem Kopf eines der Besitzer und ließ beide noch am selben Tag zum Tode verurteilen und hinrichten.

Als wenig später mehr als vierhundert junge Juden festgenommen und ins Konzentrationslager Mauthausen deportiert wurden, legte die holländische Bevölkerung das Land durch einen Generalstreik lahm. Die Deutschen verhängten das Standrecht, und es gab nie wieder einen Akt offenen Widerstandes im Lande.

Am 30. Juni 1941 brachte Regina Barbie ein Mädchen zur Welt: Ute. Tage zuvor hatte ihr Mann eine weitere Unterdrückungsmaßnahme geleitet. Er präsentierte sich in Zivil in den Büros des als Mittler zwischen der jüdischen Gemeinde und den Besatzern fungierenden Judenrates, der dreihundert junge Zionisten, die in einer Landkommune gelebt hatten, auf jüdische Familien Amsterdams verteilte, im Glauben, sie seien dort sicherer. Barbie bat sehr höflich um eine Liste ihrer Namen und Adressen und sagte, die deutschen Behörden hätten den jungen Leuten erlaubt, in ihre Landgemeinschaft zurückzukehren. Anhand dieser Liste wurden bei einer großen Razzia mehr als zweihundertdreißig junge

Menschen verhaftet und in ein deutsches Konzentrationslager geschickt.

Der SS-Offizier Barbie bekam Befehl, nach Deutschland zu fahren und einen Lehrgang für Aufstandsbekämpfung zu absolvieren. Im Juni 1942 wurde er nach Gex, einer Kleinstadt an der französisch-schweizerischen Grenze, geschickt, wo er drei Spione festnehmen sollte, was ihm jedoch nicht gelang.

Ende Oktober griffen die Engländer in El Alamein die Truppen Rommels an. Anfang desselben Monats landeten Truppen der Alliierten im Norden Afrikas, und in der dritten Novemberwoche begann die Rote Armee eine erbitterte Offensive bei Stalingrad und kesselte die deutschen Truppen ein. In diesem Kontext vollzog sich die «Operation Attila», die Besetzung des bisher von dem alten Marschall Pétain regierten und angeblich noch freien Teils von Frankreich. Am 11. November 1942 befand sich das ganze Land in den Händen der Nazis, und Klaus Barbie, dessen Lehrzeit zu Ende war, wurde in Lyon, der Hauptstadt der französischen Résistance, zum Gestapo-Chef ernannt.

Als er nach der Zerschlagung des Faschismus seinen Posten verließ, sah sein Schuldkonto folgendermaßen aus: 4 342 Morde, 7 591 in Vernichtungslager Deportierte und fast ausnahmslos dort Umgekommene und 14 311 Verhaftete und Gefolterte.

Bereits am 11. November 1942 kamen achtzig SS-Offiziere nach Lyon. Dreißig wurden in die umliegenden Orte geschickt, und ein halbes Hundert, unter ihnen Barbie, blieben in der Stadt.

Die Gestapo-Leute quartierten sich im Hotel Terminus in der Nähe des Bahnhofs Perrache ein. Sie bezogen das zweite Stockwerk und reservierten in der dritten Etage dreißig Zimmer für Verhöre. Die Häftlinge wurden täglich aus dem Montluc-Gefängnis herbeigeschafft. Aber schon im Juni 1943 genügte der Raum nicht mehr. Die Gestapo zog um in die Militärische Sanitätsschule in der Avenue Berthelot. Das war ein riesiger Gebäudekomplex. Dicke Mauern umschlossen einen Innenhof, und die Kellergewölbe waren besonders für Folterungen geeignet, da kein Geräusch nach außen dringen konnte.

Zunächst leitete ein gewisser Rolf Müller den Sicherheitsdienst in Lyon, doch Anfang 1943 wurde er nach Marseille versetzt. Dann hatte für kurze Zeit Fritz Hollert das Amt inne. Der wurde wiederum von einem Münchner Rechtsanwalt namens Werner Knab abgelöst. Dieser hatte in Kiew eine Sonderabteilung der Gestapo befehligt, die für den Massenmord an Tausenden von Juden, Kommunisten, Sinti und anderen von den Nazis als «unerwünscht» betrachteten Menschen verantwortlich zeichnete. In Barbie fand dieser Mann einen idealen Schüler.

Selbst innerhalb der SS stand Barbie in dem Ruf eines außergewöhnlich grausamen Mannes. Er hatte zwei Aufgaben: die Résistance bekämpfen und sein Gebiet von Juden «säubern». Nach 1972 erklärte er unberührt: «Ich kam nach Lyon, um zu töten, um zu töten und um die Résistance zu bekämpfen. Das waren sehr strikte Befehle.»

Das Leben in Lyon war angenehm für die Gestapo-Offiziere. Oft suchte Barbie in Zivil irgendeine Bar in der Nähe der Ecole de Santé oder eines der besten Restaurants der Stadt auf. Meist war er in Begleitung einer französischen Geliebten, die von den Deutschen Odette genannt wurde; ihr richtiger Name war jedoch Antoinette Murot, und ihr Spitzname lautete «Mimiche». Während seiner gesamten Dienstzeit in Frankreich besuchte Barbie seine Frau nur ein einziges Mal.

Sehr bald stellte er seine persönliche Armee aus etwa hundertzwanzig französischen Mitarbeitern auf die Beine. Ihr Chef war «Gueule Tordue» (Schiefmaul). Dieser Mann, François André, verdankte den Spitznamen seinem durch einen Unfall grauenhaft entstellten Gesicht. Die von Habgier beseelten Männer nutzten die ihnen von Barbie übertragene Macht, um zu foltern, zu morden und zu plündern. Die Gruppe nannte sich «Nationale Anti-Terror-Bewegung» (MNAT) und hatte ihre Büros direkt in der Sanitätsschule.

Barbie stützte sich auch auf die aus französischen Kollaborateuren bestehende «Miliz» und auf zahlreiche Informanten, die in sein Büro kamen, um irgendeinen Nachbarn, mit dem sie Streit gehabt hatten, als Widerstandskämpfer oder Kommunisten zu denunzieren.

Die Verhörmethoden waren nicht nur von grauenerregendem Sadismus, sondern auch absolut neuartig. Nach einem ersten Verhör im Erdgeschoß wurden die Häftlinge in speziell ausgestattete Räume im vierten Stock der Sanitätsschule gebracht. Dort gab es jeweils einen oder zwei Kübel mit Wasser, einen Tisch mit Lederriemen, mit denen das Opfer gefesselt werden konnte, einen Gasofen, einige Eisenstäbe, die man bis zum Glühen erhitzte, und die für Elektroschockbehandlungen benötigten Instrumente.

André Frossard, ein Überlebender, berichtete, man habe ihn zunächst nackt ausgezogen und dann seine Handgelenke an die Fersen gebunden. Zwischen seine gefesselten Arme wurde ein Stock geschoben, und während dessen Enden auf dem Rande des Kübels ruhten, tauchte Barbie den Kopf seines Opfers ins Wasser. An den Haaren zog er ihn wieder heraus, um ihn gleich darauf wieder hineinzutauchen, bis der Gefolterte nahe daran war zu ersticken. Mit Schlägen und Fußtritten brachte man ihn wieder zur Besinnung. Die von Frossard beschriebene Foltermethode erinnert an die «Papageienschaukel», die brasilianische Folterknechte nach dem Militärputsch von 1964 anwandten.

Eines von Barbies Opfern war der Priester Bonaventure Boudet, der am 9. Juli 1943 als Mitglied der Résistance verhaftet wurde. Nach Kriegsende konnte er sich nicht einmal mehr erinnern, wie viele Folterungen er durchgemacht hatte. Abgesehen von heftigen Schlägen, wurde er von speziell abgerichteten Polizeihunden gebissen, an den Handgelenken an einem Haken aufgehängt und in dieser Haltung mit elektrischem Strom gefoltert und dann an den Fußgelenken aufgehängt, bis er aus Nase, Mund und Ohren blutete. Während er an den Füßen hing, tauchte man seinen Kopf in einen Kübel mit Seifenwasser. Die letzte Quälerei bestand darin, daß man ihm Säure in den Harnleiter spritzte, was ungeheure Schmerzen in der Blase und in den Nieren verursachte.

Boudet sagt über Barbie: «Er war ein Monster. Das Foltern bereitete ihm Genuß; er trug stets eine Peitsche bei sich. Ohne zu zögern, schlug er zu und spornte die anderen an, dasselbe zu tun. Abwechselnd ließ er mich in eiskaltes und dann in beinahe kochendes Wasser tauchen. Wirklich, er genoß das Leiden anderer und ließ dabei im Hintergrund leise Musik spielen.»

Boudet mußte auch bei den Foltern Dritter zusehen: Da wurden mit Messern Finger und Zehen amputiert, die Brüste der Frauen zerschnitten oder mit Zigaretten verbrannt und ihnen alle möglichen Verstümmelungen beigebracht. Einem der Opfer zogen sie die Kopfhaut ab und stachen die Augen aus. Andere Zeugen berichten, Barbie habe zwei riesige deutsche Schäferhunde besessen. Einer von ihnen war darauf abgerichtet, die Opfer anzufallen und zu beißen, der andere wurde benutzt, um Frauen zu vergewaltigen.

Auffällig ist die Ähnlichkeit zwischen diesen Foltermethoden und denen, die von Pinochets Folterknechten in Chile angewandt wurden und werden und von denen man zunächst glaubte, sie seien neu und noch nie dagewesen. Es ist wohl kein Zufall, daß sich unter den Beratern des Pinochet-Regimes auch Walter Rauff, ein ehemaliger SS-Offizier, befindet. Die von den südamerikanischen Militärdiktaturen angewandten Foltermethoden sind durchaus nicht neu: Es sind dieselben, derer sich die Nazis mehr als vierzig Jahre zuvor bedienten.

Professionelle Verhörspezialisten und Geheimdienstexperten behaupten, die Folter sei wirkungslos, da die Opfer oftmals alles mögliche gestehen, um ihrem Leiden ein Ende zu bereiten. Dennoch sieht die traurige Wirklichkeit so aus, daß autoritäre Regime stets auf die Folter zurückgreifen, um Informationen zu erpressen. Barbies Fall liegt jedoch anders: Seine Opfer beteuern, er sei von Natur aus Sadist gewesen und die Schreie der Gefolterten hätten ihm größte Genugtuung verschafft.

Eine andere von den Nazis eingeführte und von den lateinamerikanischen Militärdiktaturen wieder ins Leben gerufene Methode besteht darin, kleine Kinder vor den Augen ihrer Eltern zu quälen, um diese zum Sprechen zu bringen. Oft genügt die bloße Androhung dieser Methode, um ein Geständnis zu erhalten.

Barbies Brutalität wurde bald legendär. Seine Opfer waren meist überrascht, wenn sie diesem mittelgroßen Mann mit dem Durchschnittsgesicht, den braunen Haaren und dem scharfen Blick zum erstenmal gegenüberstanden. Auch seine Arroganz blieb ihnen unvergeßlich. Die überlebt haben, erinnern sich, daß er oft inmitten der brutalsten «Sitzungen» eine Pause einlegte, ans Klavier ging und einen Schlager spielte: Sein Lieblingslied war «Parlez moi d'amour». Bei anderen Gelegenheiten setzte er sich zu seiner Sekretärin und liebkoste sie, während seine Opfer schrien und sich vor Schmerzen krümmten.

In den letzten Tagen der deutschen Besatzung, als die Alliierten bereits auf Lyon vorrückten, beschlossen Barbie und seine Vorgesetzten, das Montluc-Gefängnis zu «säubern». Am 17. August wurden einhundertneun Gefangene, in der Mehrzahl Juden, zum außerhalb von Lyon gelegenen Flugplatz Bron gebracht, erschossen und in den Bombentrichtern verscharrt, die ein alliierter Luftangriff auf der Landebahn hinterlassen hatte.

Drei Tage später führte man einhundertzehn Männer und Frauen von Montluc ins Fort St-Genlis-Laval. Dort wurden sie an den Handgelenken gefesselt, in kleinen Gruppen ins erste Stockwerk getrieben und systematisch niedergemetzelt. Nach einer gewissen Zeit «mußten die Gefangenen über einen Berg von Sterbenden steigen, die auf der Treppe lagen». Dann übergoß man die Körper mit Benzin und zündete sie an; das Gebäude selbst wurde anschließend gesprengt.

Andere Häftlinge wurden in ihren Zellen oder im Treppenhaus exekutiert. Barbie machte es Spaß, einem Häftling zu befehlen, in seine Zelle hinunterzugehen, und ihn dann in den Nacken zu schießen. Oft schlossen er und seine Kumpane Wetten darüber ab, wie oft sich der Körper des Opfers überschlagen würde, ehe er leblos am Fuße der Treppe liegenblieb.

Doch das wohl grauenhafteste Verbrechen Barbies war die «Schließung» des jüdischen Waisenhauses in dem abgelegenen Ort Izieu. Eines Tages fuhren SS-Leute mit mehreren Lastwagen vor dem großen, außerhalb der Ortschaft gelegenen Gebäude vor, luden vierundvierzig Kinder zwischen drei und vierzehn Jahren zusammen mit ihren Erziehern auf die Wagen und brachten sie nach Lyon. Noch am selben Tag wurden die Kinder ins Konzentrationslager Drancy geschickt, von wo aus man sie nach Auschwitz deportierte.

Dort trieb man sie unmittelbar nach der Ankunft in die Gaskammern.

Für die Franzosen ist Barbie auch der Mann, der Jean Moulin, den Vertreter General de Gaulles im besetzten Frankreich, ermordet hat. Moulin, ehemaliger Präfekt des Departements Eure-et-Loir, hatte den Auftrag, die verschiedenen Gruppen der Résistance zu einer einheitlichen Front zusammenzuschließen. Am 21. Juni 1943 bestellte er die Leiter der unterschiedlichen Vereinigungen nach Caluire, einem Ort nahe Lyon. Das Treffen sollte im Hause eines Arztes stattfinden, der dort auch seine Praxis betrieb, so daß das Kommen und Gehen mehrerer Personen nicht auffallen würde.

Bei der Versammlung ließ man viele der im illegalen Leben dringend notwendigen Sicherheitsvorkehrungen außer acht. Zunächst einmal kam Moulin vierzig Minuten zu spät. Außerdem wurden keine Wachen postiert. So war es den von der Zusammenkunft unterrichteten Nazis möglich, völlig überraschend aufzutauchen und alle Anwesenden festzunehmen, einschließlich mehrerer Patienten, die im Wartezimmer saßen. Beim Abtransport der Häftlinge nach Lyon gelang es einem von ihnen, René Hardy, unter mehr als zweifelhaften Umständen zu entkommen. Nach der Befreiung wurde Hardy zweimal vor Gericht gestellt und mangels Beweisen freigesprochen. Barbie behauptete jedoch, Hardy sei sein Informant gewesen.

Jean Moulin wurde von Barbie persönlich gefoltert und fast zu Tode geprügelt. Aber er war ein allzu wertvoller Fang: Die Vorgesetzten in Berlin wollten ihn selbst verhören und diese Aufgabe nicht einem Provinzstatthalter überlassen. Doch Moulin, der bereits im Koma lag, verstarb während des Transports. Heute ruht seine Asche im Pantheon der Helden Frankreichs.

Klaus Barbie ist der Meinung, die westliche Welt müsse ihm für den Tod Moulins dankbar sein. «Durch die Festnahme Moulins habe ich den Gang der Geschichte verändert», brüstete er sich vor dem Journalisten Michel Goldberg. «Jean Moulin war so intelligent, daß im Falle seines Überlebens er und nicht de Gaulle das Schicksal Frankreichs nach der Befreiung bestimmt hätte. Möglicherweise wäre Frankreich ein kommunistisches Land geworden.»

Jean Moulin, der Mann, der alles über die Résistance wußte – Namen, Verbindungen, sichere Verstecke, Nachschubwege, Kontakte zum Generalstab von France Libre in London –, zog es vor, zu sterben, ohne ein einziges Wort zu sagen. Er war kein Kommunist, aber er hatte etwas mit ihnen gemeinsam. Nach Aussagen ehemaliger Gestapo-Offiziere war es reiner Zeitverlust, wenn man Kommunisten folterte. «Die Kommunisten sprachen nie, es war unmöglich, ihnen auch nur ein Wort zu entlocken.»

Die letzten Deportierten, die Barbie in den Tod schickte, verließen Lyon am 11. August 1944. Wußte Klaus Barbie, was sie erwartete? Sein Anwalt bestreitet es. Aber es gibt einen Zeugen, der Barbie sagen hörte: «Für einen Juden ist es dasselbe, ob er deportiert oder erschossen wird.» Die Gaskammern und Krematorien der Vernichtungslager waren absolut kein Geheimnis für den Offizier Barbie, der damit beauftragt war, an der «Endlösung» der Judenfrage, der Vernichtung aller Juden Europas, mitzuwirken.

Die Alliierten kamen näher, und Barbie beschloß zu verschwinden, nicht, ohne in den letzten Tagen noch so viele Gefangene wie nur möglich erschießen zu lassen. Und dann? Dann sollte er wertvolle Beschützer finden.

Kapitel VII

CIC/CIA: Die Hand
des Imperialismus

Ende August, Anfang September 1944 verließen die Nazis fluchtartig die Stadt Lyon. Von diesem Moment an widersprechen sich alle Quellen bezüglich des weiteren Schicksals von Klaus Barbie.

Etwas gilt als sicher: Am 9. November 1944 wurde er zum SS-Hauptsturmführer befördert. Zu diesem Zeitpunkt hatte er einen nicht genauer bezeichneten Posten beim Sicherheitsdienst in Dortmund inne. Wegen einer leichten Fußverletzung war er bis Februar 1945 zunächst in Baden-Baden, dann in Halberstadt im Lazarett. Anschließend soll er einer militärischen Einheit zugeteilt worden sein: der 38. Division «Nibelungen», die speziell aus Kadetten der SS-Schule in Bad Tölz aufgestellt worden war. Anderen Versionen zufolge gelangte er bis nach Berlin, in die Nähe des Hitlerbunkers.

Auf jeden Fall war sein Krieg nur noch von kurzer Dauer. Am 18. April 1945 wurde seine Einheit in der Nähe von Essen umzingelt. Wie viele andere SS-Offiziere vergrub Barbie seine Uniform und seine Waffe, beschaffte sich in einem verlassenen Bauernhaus Zivilkleidung und begab sich zu Fuß auf die Flucht gen Süden.

Im Jahre 1945 herrschte Chaos in Deutschland. Das Land wurde in vier Zonen aufgeteilt, die von den vier Siegermächten USA, Großbritannien, Frankreich und der Sowjetunion besetzt wurden. Die meisten flüchtigen Nazis versuchten, die amerikanische Zone zu erreichen, in dem Bewußtsein, daß man sie dort besser behandeln würde als in den drei anderen.

Vor allem fürchteten sie sich davor, in der sowjetisch besetzten Zone festgenommen zu werden. Nicht ohne Grund: ein Großteil der UdSSR war von den Nazitruppen verwüstet worden; die Zahl der Toten ging in die Millionen. Die sowjetischen Besatzungskräfte waren nicht sehr geneigt, die SS-Leute, die auf ihrem Territorium schreckliche Greueltaten verübt hatten, sanft anzufassen. Die meisten Sowjetsoldaten, die jetzt einen Teil Deutschlands besetzt hielten, hatten gesehen, wie ihre Städte bombardiert, ihre Dörfer verbrannt, ihre Mütter, Frauen oder Töchter vergewaltigt, ihre Familien ausgerottet worden waren. In die Hände der sowjetischen Besatzungstruppen zu fallen bedeutete für die Nazis die unumgängliche Bestrafung; die Festnahme durch die Amerikaner konnte eine Möglichkeit sein, ungeschoren davonzukommen ... oder sogar mit ihnen zu kollaborieren.

Was tat Klaus Barbie in den auf die bedingungslose Kapitulation Hitlerdeutschlands folgenden chaotischen Jahren? Niemand scheint das genau zu wissen. Er nannte sich Bekker, Holzer, Mayer oder Mertens, machte dunkle Geschäfte auf dem Schwarzmarkt, stellte den Kontakt zu seiner Familie wieder her, und 1946 wurde sein Sohn Klaus-Georg geboren. Barbie versuchte, eine Organisation ehemaliger SS-Leute zu gründen, um die Entstehung eines Vierten Reichs herbeizuführen, fälschte Ausweise und Lebensmittelkarten und wurde kriminell.

Unter den ehemaligen SS-Angehörigen, die er für seine Organisation rekrutierte, befanden sich ein entfernter Verwandter, Kurt Barkhausen, und ein gewisser Wolfgang Gustmann. Am 19. April 1946 begingen die drei Männer, als Polizisten verkleidet, in Kassel einen Juwelenraub. Sie begaben sich in das Haus eines Baron Forster, in der Parkstraße 43. Forsters Frau öffnete die Tür, Barbie gab sich als Kriminalbeamter aus und beschuldigte sie, einen Flüchtling zu beherbergen. Die drei angeblichen Polizisten machten eine Haussuchung und «beschlagnahmten» eine Schmuckkassette. Dann forderten sie die Baronin auf, sie aufs Kommissariat zu begleiten, um das Protokoll aufzusetzen. Die Baronin willigte ein, stellte jedoch unterwegs fest, daß sie keine Ausweispapiere bei sich hatte. Während sie zurückging, um sie zu holen, lösten sich die drei falschen Polizisten in Luft auf.

Später wurden Barbies Kumpane festgenommen, und sie bezichtigten ihn, den Schmuck für sich behalten zu haben.

Als Jahre danach der Prozeß stattfand, erstatteten die amerikanischen Besatzungsbehörden die Juwelen an die Besitzer zurück. Zu dieser Zeit arbeitete Barbie bereits für das CIC, den Geheimdienst der US-Armee.

In einem Bericht der Stuttgarter Kriminalpolizei vom 16. März 1951 über das Auffinden der Juwelen heißt es: «Eine amerikanische Behörde gab Hinweise darauf, wo die Juwelen zu finden seien. Man kann zweifelsfrei davon ausgehen, daß die Juwelen am 25. Oktober 1950 vom CIC zurückerstattet wurden. Schon während der Untersuchung in Kassel gab es den Verdacht, Barbie arbeite für den amerikanischen Geheimdienst. Dieser Verdacht erhärtet sich jetzt. Eine schriftliche Anfrage an das CIC blieb unbeantwortet.»

Tatsächlich: Der Kriegsverbrecher Klaus Barbie arbeitete für den Geheimdienst der USA, der damals in Deutschland agierte: Er nannte sich CIC oder Counter Intelligence Corps. Die CIA, die erst 1947 gegründet wurde, war noch nicht im Ausland tätig, erhielt jedoch bereits die Berichte des CIC.

Barbies Name stand auf zwei Listen der von den Alliierten gesuchten Kriegsverbrecher. Eine von ihnen wurde in London von der UNO-Kommission für Kriegsverbrechen (UNWCC), die andere in Paris vom CROWCASS, dem Zentralregister für Kriegsverbrecher, veröffentlicht. Auf beiden Listen stand der Name Barbie mit dem Zusatz, es handle sich um einen wegen in Lyon begangener Morde und Folterungen gesuchten Gestapo-Offizier.

Dessenungeachtet begann Barbie im Frühjahr 1947, für das CIC zu arbeiten. Er wurde anscheinend von Kurt Merk rekrutiert, einem ehemals für Gegenspionage verantwortlichen Wehrmachtoffizier, der zusammen mit seiner französischen Geliebten Andrée Rivez und deren Mutter in die amerikanisch besetzte Zone geflohen war. In ihrem neuen Leben trug Andrée den Namen Annemarie Richter.

Es wurde zweifelsfrei festgestellt, daß Barbie von 1947 bis 1951 im Dienste der US-Besatzungsarmee stand. Er war nicht der einzige Kriegsverbrecher, den die Amerikaner benutzten, um gegen den neuen Feind, den «Kommunismus», zu kämpfen. So wurden die Verbündeten von gestern nun ihre Gegner, und die ehemaligen Feinde verwandelten sich in nützliche Informanten und gewissermaßen in Verbündete.

Als Barbie im Februar 1983 aus Bolivien ausgewiesen und an Frankreich ausgeliefert wurde, kam es in den USA zu einer Welle von Beschuldigungen und Gegendarstellungen. Sollte es wahr sein, daß die amerikanische Armee einen Kriegsverbrecher zu Spionagezwecken gegen die eigenen Verbündeten benutzt hatte? Die amerikanische Öffentlichkeit wies diese Behauptung mit der ihr eigenen Naivität zurück. Aber die Beweise begannen sich zu häufen: Mit den Geldern der Steuerzahler hatte die Regierung der USA – über ihre Armee – jahrelang einen Mörder und Folterknecht unterhalten!

Schließlich ernannte der Oberste Staatsanwalt Allan A. Ryan jun. zum Sonderberater und beauftragte ihn, den Fall eingehend zu untersuchen und einen vollständigen Bericht über die Umstände auszuarbeiten, die das ermöglicht hatten, was die öffentliche Meinung als Monstrosität bezeichnete. Das Ergebnis wurde im August 1983 veröffentlicht: Es war der Ryan-Bericht, bestehend aus zweihundertsiebzehn Seiten und einem riesigen Anhang mit Beweismaterialien.

In einem vorangegangenen Kapitel wurde bereits ein Dokument aus den Archiven der Militärischen Sicherheitsabteilung beim französischen Verteidigungsministerium erwähnt, das aus dem Jahre 1963 stammt und in dem es heißt, Barbie befände sich in La Paz und arbeite dort getarnt für die CIA und den Bundesnachrichtendienst, den bundesdeutschen Geheimdienst.

Natürlich ist Allan Ryan, der Untersuchungsbeamte des Justizministeriums, der Meinung, diese Theorie sei falsch. Nachdem er die Archive der CIA – besser gesagt, diejenigen, die ihm zugänglich gemacht wurden – geprüft hatte, kam er zu der Schlußfolgerung, die CIA habe «niemals zwischen dem Ende des Zweiten Weltkrieges und heute Verbindung mit Klaus Barbie gehabt».

Allan Ryan sagt im einzelnen: «Nichts weist darauf hin, daß Barbie irgendwann die CIA informiert hat oder von dieser Organisation bezahlt oder angestellt wurde oder daß er direkt oder indirekt Mitteilung über Angelegenheiten bekam, zu denen die CIA Informationen sammelte. Die Gespräche [Ryans] mit Beamten der CIA waren in dieser Hinsicht eindeutig.»

Hinter dieser bürokratischen Sprache verbirgt sich oftmals eine Naivität, die nicht als echt betrachtet werden kann. In der Einleitung zu seinem Bericht schreibt Ryan: «Unsere Beamten sind nach Frankreich und Bolivien gereist, um die Archive dieser Länder zu prüfen. Zwar kooperierten die bolivianischen Beamten umfassend bei den Nachforschungen und beschafften einige die Einbürgerung Barbies betreffende Kopien aus juristischen Archiven, aber sie informierten uns auch, daß andere Dokumente nicht auffindbar seien, und drückten ihre Überzeugung aus, daß diese verlorengegangen oder vor einiger Zeit vernichtet worden sind.»

Hier akzeptiert Ryan, ohne sie auch nur in Frage zu stellen, die unglaubliche Behauptung, in allen Archiven des bolivianischen Staates befände sich nur ein einziger Hinweis auf Barbie: seine Einbürgerung im Jahre 1957. Berücksichtigt man die Tatsache, daß der Deutsche Handelsfirmen gegründet und bei staatlichen Unternehmen Schulden gemacht hat, daß er mehr als einmal inhaftiert wurde, daß er einen Diplomatenpaß bekam, mit dem er in mehrere Länder, darunter in die USA, reiste und so weiter – wofür jeweils offizielle Dokumente und manchmal notarielle Beglaubigungen erforderlich waren –, so erweist sich die Behauptung der von Ryan und seinen Mitarbeitern befragten Beamten nicht nur als zweifelhaft, sondern geradezu als absurd.

Im ersten Teil seines Berichts schreibt Ryan, es sei nicht von Interesse, was Barbie während des Krieges getan oder nicht getan habe; man wolle vielmehr «im Rahmen des Möglichen feststellen, wieviel die amerikanischen Beamten, die Barbie rekrutierten und ihn eine Zeitlang benutzten, wußten oder gewußt haben müßten ...». Natürlich gelangt Ryan zu der Schlußfolgerung, die seinerzeit im besetzten Deutschland das CIC leitenden Beamten seien Unschuldslämmer gewesen; sie hätten nichts von Barbies in Lyon begangenen Verbrechen gewußt und ihn für einen Geheimdienstoffizier gehalten, der sich darauf beschränkt hatte, seine Pflicht zu tun.

Anschließend zweifelt Ryan Barbies Stellung als Chef der Sektion IV (Gestapo) in Lyon an und äußert die Vermutung, ob er nicht in Wirklichkeit die Sektion VI (Militärspionage) geleitet haben könnte. Beweise? Ryan führt dazu aus: «Die Archive der SS und der Polizeibehörden von Lyon wurden bei den alliierten Luftangriffen vom Mai 1944 oder während der systematischen Vernichtung seitens der Deutschen selbst im Laufe jenes Sommers fast vollständig zerstört.» Ergebnis: Man muß, da es keine gegenteiligen Beweise gibt, Barbie glauben, wenn er sagt, er sei Geheimdienstoffizier gewesen.

Bereits im August 1944 hatten die französischen Behörden den Namen «Barbie» auf die Liste der UNWCC gesetzt. Er wurde «wegen Mordes und Massakern, wegen systematischen Terrors und wegen der Hinrichtung von Geiseln» gesucht. Und schon im Februar 1945 wurde dem Militärtribunal von Lyon, das eigens geschaffen worden war, um die Kriegsverbrechen der deutschen Sonderdienststellen in dieser Gegend zu untersuchen, ein langer Bericht zugestellt. Darin wurde Barbie als Chef der Sektion IV und Stellvertreter des SS-Kommandanten von Lyon genannt. Auf der Grundlage dieses Berichtes und anderer Nachforschungen erließ das Militärgericht im September 1945 Haftbefehl gegen «Barbie».

Ryan versucht ständig, Barbie als unschuldig hinzustellen, selbst wenn er damit offiziellen Beweismaterialien widerspricht. «Wir haben da ein vom 28. Dezember 1943 datiertes und an die Sektion IV B, die sich mit ‹Judenangelegenheiten› befaßt, adressiertes Schreiben (...), unterzeichnet i. A. von Barbie. Ein i. A. oder im Auftrag unterzeichnetes Dokument wird auf Befehl des Kommandanten von irgend jemandem unterschrieben, der dazu ermächtigt ist – nicht vom Stellvertreter. Unter normalen Umständen könnte man Barbies Unterschrift unter diesem Dokument so deuten, als sei er Chef der Sektion IV gewesen – der Beamte, der bevollmächtigt war, ein Dokument über Angelegenheiten der Sektion IV zu unterzeichnen. Aber es gibt andere Erklärungen für seine Unterschrift auf diesem Dokument: Zum Beispiel könnte er in dem Moment, da der Brief abgefaßt wurde, die ranghöchste diensthabende Person in der Kaserne gewesen sein.»

Gleich darauf ist Ryan gezwungen, verschiedene Zeugen innerhalb der SS selbst zu zitieren, die alle angeben, Barbie sei Leiter der Sektion IV und nicht der Sektion VI gewesen. Barbie selbst hat ausgesagt, er sei Chef der Sektion IV, das heißt, der Gestapo, gewesen. Ryan gelangt zu der Schlußfolgerung: «Irgendwann und für gewisse Zeit war Barbie auch Chef der Sektion IV, der Gestapo...» Er gibt zu, daß er «wenig über Barbies Funktionen in dem Zeitraum zwischen seiner Abreise aus Lyon und dem Ende des Krieges, zehn Monate später», weiß.

Was Barbies Anwerbung betrifft, so muß man berücksichtigen, daß die amerikanischen Besatzungsbehörden in Deutschland zwei Hauptabteilungen besaßen: das EUCOM oder Militärkommando mit Sitz in Heidelberg, das in den ersten Nachkriegsmonaten OGMUS genannt wurde, und das HICOG oder die Hochkommission. Teil des EUCOM war die 66. Abteilung des Korps für Gegenspionage (CIC), dessen Hauptaufgabe darin bestand, die Zone der USA vor Spionage, Sabotage und Subversion zu schützen. In Wirklichkeit ließ es das CIC nicht bei Gegenspionage bewenden, sondern betrieb aktive Spionage in den verschiedenen Zonen und sogar in den Ländern Osteuropas. Sein Hauptquartier, bis September 1949 in Frankfurt am Main, wurde dann nach Stuttgart verlegt. Von ihm waren die unterschiedlichen Regionalämter abhängig, die ihrerseits in verschiedenen Städten ihres Territoriums Zweigstellen unterhielten.

Ende 1945, Anfang 1946 entstand in Deutschland ein Netz von ehemaligen SS-Offizieren, die den Besatzungsbehörden vorschlagen wollten, sie sollten ihnen die Verwaltung der britischen und der amerikanischen Zone übertragen und dadurch eine Gruppe von örtlichen Führern schaffen, die Deutschland treu und dem «Kommunismus» feindlich gesinnt waren. Das CIC erfuhr im Mai 1946 von der Existenz dieser Organisation und schleuste einen Agenten ein, der sich als Schweizer Nazi ausgab. Bald wußte man, daß einer der Anführer ein gewisser «Becker» war, der in der Universitätsstadt Marburg wohnte und dessen wirklicher Name Klaus Barbie lautete.

Das Hauptquartier des CIC wußte genau, um wen es sich handelte. Es schickte seinem Büro der für Marburg verantwortlichen Region III eine Kopie seiner Akte über Barbie, die diesen als Chef der Gestapo in Lyon auswies, und fügte hinzu, nach den letzten Angaben zu seinem Aufenthaltsort sei er im Dezember 1944 in einem Krankenhaus in Baden-Baden gewesen.

Anfang Februar 1947 beschloß das CIC gemeinsam mit dem britischen Geheimdienst, eine Razzia gegen die wichtigsten Köpfe der Organisation durchzuführen. Die Operation sollte um zwei Uhr früh am 23. Februar 1947 stattfinden. Fünf Tage vorher informierten Agenten des CIC, unter der genannten Adresse wohne weder ein Barbie noch ein Becker. Am 20. Februar befahl das Hauptquartier des CIC seinem Büro in der Region III, die angegebene Marburger Adresse nicht in die Razzia einzubeziehen, «um eine Informationsquelle zu schützen».

Barbie befand sich ohnehin nicht in Marburg, sondern in Kassel, im Hause eines gewissen Fridolin Becker. Auch dieser stand auf der Liste der festzunehmenden Personen, und sein Haus wurde von der Razzia betroffen, aber Barbie gelang es – wie man sagt –, durch das Badezimmerfenster zu entkommen.

Für jeden vernunftbegabten Menschen bedeutet die im letzten Augenblick veranlaßte Streichung Barbies von der Razzialiste, daß irgend jemand vom CIC ihn zu schützen versuchte und daß er möglicherweise schon damals für die Nordamerikaner arbeitete. Staatsanwalt Ryan jedoch glaubt dies nicht und liefert dafür eine Reihe eigentümlicher Erklärungen.

Im Chaos und angesichts der mangelnden Koordinierung im Nachkriegsdeutschland sei es durchaus möglich, daß Barbie weiterhin auf der «Verhaftungsliste» der Region III gestanden, andererseits jedoch ein Agent der Region I empfohlen habe, ihn nicht festzunehmen, «denn es ist sehr gut möglich, daß Barbie sich als nützlich erweisen könnte», ein angebliches sowjetisches Spionagenetz in einem kleinen Ort in der amerikanischen Zone auszukundschaften.

Das Hauptquartier des CIC habe – so Ryan – die Empfehlung nicht akzeptiert und Barbies «baldmöglichste» Verhaftung angeordnet. Aber der ehemalige SS-Mann hätte Stuttgart bereits verlassen, um sich in der kleinen bayerischen Stadt Memmingen anzusiedeln, die zur Region IV des CIC gehörte. Unterdessen suchten ihn die anderen Regionalbüros weiter in Marburg und in Kaufbeuren. Der letztgenannte Versuch fand im Mai statt, aber zu diesem Zeitpunkt hatte das CIC Barbie schon rekrutiert.

Das Ortsbüro des CIC in Memmingen wurde von einem Offizier namens Robert Taylor geleitet. Seit April 1946 gehörte ein gewisser Kurt Merk zu seinen bezahlten Informanten. Der teilte Taylor am 10. April 1947 mit, er habe zufällig Barbie getroffen. Taylor erkannte in Barbie sofort eine der Personen, deren Festnahme vom Hauptquartier angeordnet worden war. Aber statt seinen Vorgesetzten mitzuteilen, er habe den Verbrecher aufgespürt, beschloß er, ihn als Informanten unter Vertrag zu nehmen.

Ryan zufolge lautete eine der Bedingungen für die Vereinbarung, Barbie habe umgehend jede Beziehung zu der Organisation ehemaliger SS-Leute abzubrechen, wozu Barbie «seine Zustimmung gab, weil seine Verbindung zu SS-Leuten einzig und allein notwendig gewesen war, um seine persönliche Freiheit zu gewährleisten».

Ryan zweifelt in keinem Moment an Barbies guten Absichten oder an Taylors Naivität. Letzterer berichtete den regionalen Vorgesetzten: «Ein ehrlicher Mann, sowohl auf geistigem als auch auf perönlichem Gebiet ... Er ist entschiedener Antikommunist und ein Nazi aus Idealismus ...» In einem Wort: im April und im Mai 1947, als Barbie von der Region I in Marburg und von der Region III in Stuttgart gesucht wurde, benutzte ihn Agent Taylor von der Region IV als bezahlten Informanten in Memmingen. Das Hauptquartier erfuhr, nach Ryans Worten, erst zwei Monate später von der Verwendung Barbies.

Es stimmt, die Lage im Nachkriegsdeutschland war chaotisch, aber an so viel Chaos kann man denn doch kaum glauben. Letztlich kam man zu der Schlußfolgerung, daß «Barbies Wert als Informant bei weitem jeden Wert übertrifft, den er als Gefangener haben könnte».

Wenige Monate später, im Sommer 1947, hatte Merk ein Netz von etwa fünfzig Informanten in ganz Deutschland und sogar in den Ländern Osteuropas organisiert: das «Büro Petersen». Barbie war dabei sein wichtigster Helfer.

In den Augen des CIC bestand ein Verdienst Barbies darin, daß es den ihm unterstellten Informanten gelungen

war, die französische Abwehr in der von Frankreich besetzten Zone Deutschlands zu unterwandern. Diese Spionage
unter «Alliierten» findet Herr Ryan völlig legitim.

Mitte 1947 wurde Taylor von Camille Hajdu abgelöst, der
dafür sorgte, daß Merk und Barbie die Zahl der Informanten
herabsetzten. Ryan zufolge lieferte das «Büro Petersen»
neunzig Prozent der in seiner Region eingegangenen Spio-
nagedaten. Andere Quellen besagen, diese Informationen
hätten keinen Wert besessen und Barbie sei einmal dabei
überrascht worden, wie er einen Artikel aus einer tschechi-
schen Zeitung abschrieb, um den Inhalt als «Exklusivspio-
nage» zu verkaufen.

Endlich, im Oktober desselben Jahres, teilte Hajdus Vor-
gesetzter der Leitung mit, er kenne Barbies Aufenthaltsort.
Vom Hauptquartier kam der Befehl, ihn zum Spionagezen-
trum des EUCOM (ECIC) in Oberursel zu schicken, damit
er dort «detailliert verhört» werden könne. Er sollte nicht zu
seinen Aktivitäten während des Krieges befragt werden. Von
Interesse waren seine Kontakte in den beiden letzten Jahren.

Dieser Befehl wurde in der Region IV nicht gut aufgenommen. Hajdu ließ wissen, Barbie sei einer seiner wertvollsten
Informanten, und sollte er festgenommen werden, würde er
das Vertrauen in seine Vorgesetzten verlieren. Der Kommandant der Region IV, Oberst Golden, empfahl, wenn die
Leitung bei ihrer Haltung bliebe, müsse man Barbie in
Oberursel zumindest eine «Vorzugsbehandlung» angedei-
hen lassen und es ihm gestatten, anschließend seine Arbeit
in der Region IV wiederaufzunehmen.

Die Leitung stimmte diesen Bedingungen zu – ein Fakt,
den zu kommentieren Ryan sich nicht die Mühe macht. Im
Dezember 1947 wurde Barbie festgenommen und nach Oberursel geschickt, und obgleich die Zentralarchive des CIC ihn
eindeutig als ehemaligen Gestapo-Chef von Lyon auswiesen,
beschloß man, ihn nicht nach seinen Kriegsverbrechen zu
fragen, sondern nur nach seinen Kenntnissen von den Aktivitäten ehemaliger SS-Offiziere nach dem Krieg.

Beim CIC betrachtete man Barbie als brauchbaren Geheimdienstoffizier, obwohl sein Name auf der Liste des
CROWCASS stand und dort vermerkt war, daß man ihn

wegen Mordes suchte. Den Männern, die ihn verhörten, erzählte er eine erfundene Geschichte, derzufolge er in seiner Eigenschaft als Geheimdienstoffizier in Brüssel, Paris, Italien und Frankreich gedient hätte. Kein Wort über seinen Dienstgrad bei der Gestapo oder über seine Tätigkeit in Lyon. Er erzählte auch, er habe seit dem Ende des Krieges nach der Möglichkeit gesucht, mit den Alliierten und gegen die Sowjetunion zu arbeiten.

Das Ergebnis: Der Offizier des CIC, der Barbie verhörte, gelangte zu der Schlußfolgerung, daß es «angesichts der Tätigkeit Barbies für Region IV des CIC im Jahre 1947 nicht ratsam scheint, ihn wegen seiner Mitgliedschaft in der SS zu internieren. Seine Kenntnisse über den Auftrag des CIC, seine Agenten, Unteragenten, Fonds und so weiter sind allzu umfangreich.»

Die «naiven» Offiziere des CIC glaubten, Barbie habe die Wahrheit gesagt, als er erklärte, der Waffen-SS, dem militärischen Arm der Organisation, angehört zu haben. Am 10. Mai 1948 wurde Barbie aus dem Geheimdienstzentrum in Oberursel entlassen. Unterdessen hatten seine mit der Arbeit von Merks unzufriedenen Vorgesetzten in Region IV der Leitung mitgeteilt, dieser «könnte ein guter Kandidat für die CIA sein».

Merks Netz wurde aufgelöst, und dieses seltsame – möglicherweise schon damals im Dienste der CIA stehende – Individuum verließ im Oktober 1949, als das CIC auf seine Dienste verzichtete, die Stadt Augsburg, den neuen Sitz der Region IV. In einer knappen Fußnote fügt Ryan hinzu: «Verstorben in Deutschland im Jahre 1951». Übrigens ist Merks Tod ein niemals aufgeklärtes Rätsel: Er betrachtete am Ufer eines Sees die Landschaft, als er plötzlich leblos zu Boden fiel. Das Werk der CIA?

Unterdessen sammelte Barbie weiterhin für das CIC Informationen über die Kommunistische Partei. Im Mai und im Juli 1948 wurde er von Vertretern der Sûreté nach seinen Beziehungen zu René Hardy befragt, der wegen Hochverrats in Paris vor Gericht stand. Die amerikanischen Behörden stellten Bedingungen, ehe sie die Verhöre gestatteten: Diese mußten in der amerikanischen Zone und im Beisein zweier amerikanischer Offiziere stattfinden, und es durfte nichts

anderes zur Sprache kommen als Barbies Aktivitäten gegen
die französische Widerstandsbewegung. Im Jahre 1949
wurde Barbie noch einmal, unter genau denselben Bedingungen, zu diesem Thema befragt.

Am 14. Mai jenes Jahres erschien in einer Pariser Zeitung
ein Artikel unter der Schlagzeile: «Nehmt Barbie, den Folterknecht, fest!» Gruppen der Résistance hatten erfahren,
daß Barbie seelenruhig unter dem Schutz der amerikanischen Behörden lebte. Das Hauptquartier des CIC schlug
der Region XII (früher Teil der Region IV) vor, Barbies Anstellung zu beenden. Er wurde «diskret» von Eugene Kolb,
dem Operationsoffizier der Region, verhört, wies die Anschuldigungen zurück und blieb im Dienst. Das Hauptquartier des CIC befahl der Region XII, ihn weiterhin zu bezahlen, so daß er, falls die Franzosen seine Auslieferung fordern
sollten, in der Gegend bleiben könne.

Dieses Meisterwerk von Heuchelei wird im Ryan-Bericht
nicht als solches bezeichnet. Da heißt es sogar, ein Dokument des Hauptquartiers zitierend: «Wir wünschen, daß das
Subjekt sich nicht dessen bewußt wird, daß sein Status innerhalb unserer Organisation sich verändert hat.» Die einzige Möglichkeit, damit Barbie nicht begriff, daß sich «sein
Status verändert» hatte, bestand darin, daß man weiterhin
seine Informationen entgegennahm, ihn weiter bezahlte und
ihm neue Aufträge erteilte. Mit anderen Worten: indem
man seinen Status überhaupt nicht veränderte. Was das
Hauptquartier der Region XII sagen ließ, war: auf daß Barbie nicht herausfindet, daß wir ihn nicht mehr verwenden,
ist es besser, wenn ihr ihn weiterhin verwendet, obwohl er
ein von der französischen Justiz gesuchter Kriegsverbrecher
ist.

Mit einem Wort: Barbie konnte nicht entlassen werden.
Erstens war er wertvoll: Er hatte deutsche kommunistische
Gruppen unterwandert und unter ihnen einige Agenten angeworben. Zweitens bestand, wenn man seine Verbindungen
zum CIC löste, die Gefahr, daß ihn die Franzosen fingen
oder anstellten und so nicht nur von den Aktionen des CIC
gegen Frankreich, sondern auch von den allgemeinen internen Operationen des amerikanischen Geheimdienstes erfuhren.

Im Frühjahr 1950 wandten sich die Franzosen erneut in einer Barbie betreffenden Angelegenheit an das CIC, aber diesmal handelte es sich nicht um Folter oder Kriegsverbrechen. Leutnant Whiteway, französischer Verbindungsmann zum EUCOM, schlug vor, Barbie solle nach Paris reisen und persönlich in einem neuen Prozeß gegen Hardy aussagen. Whiteway versprach, ihn an die Amerikaner zurückzugeben, sobald seine Zeugenaussage vor Gericht beendet sei. CIC und EUCOM waren einverstanden. Aber wenige Tage später teilte Whiteway mit, man werde Barbie, falls er den Fuß auf Pariser Boden setze, festnehmen. In Anbetracht dessen bewegte sich der ehemalige SS-Mann nicht aus Augsburg, dem Sitz der Region XII des CIC, weg.

Die Franzosen versuchten nun auf dem diplomatischen Weg, seiner habhaft zu werden. Bereits im Jahre 1949 begann ein Briefwechsel zwischen HICOG und den französischen Behörden. Am 7. November 1949 überreichte die französische Botschaft in Washington dem State Department eine formelle Note, in der die Auslieferung Barbies gefordert wurde. Die Antwort lautete, dies müsse in aller Form beim HICOG beantragt werden.

Und so begann ein neues Kapitel: der Schutz des Verbrechers durch das CIC. Damit ein Auslieferungsersuchen rechtmäßig war, mußten eine Bestätigung des Wohnortes des Gesuchten und seine genaue Adresse angegeben werden. Das CIC, das Barbie ein Haus zur Verfügung gestellt hatte, behauptete, seine Adresse nicht zu kennen. Mit Hilfe der deutschen Polizei wurden komplizierte Schritte unternommen, um den angeblich Flüchtigen aufzuspüren: Währenddessen aber lebte dieser ganz bequem in einem von den amerikanischen Behörden in Augsburg beschlagnahmten Haus.

Die Version des Ryan-Berichts: «Dieses Anfangskapitel war, allem Augenschein nach, genau das, was es zu sein scheint. Das französische Konsulat in München, das nichts wußte, fragte bei der Abteilung öffentliche Sicherheit der amerikanischen Besatzungsmacht an, die nichts wußte und ihrerseits bei der örtlichen deutschen Polizei nachfragte, die nichts wußte. Mit einem Wort: Niemand wußte irgend etwas.

Weder die Amerikaner noch die Deutschen. Weder HICOG noch die Leitung des CIC. HICOG wußte nicht, daß das CIC Barbie in den Händen hatte, und das CIC wußte nicht, daß die Franzosen Barbie suchten», schreibt Ryan. Göttliche Unschuld! Niemand weiß etwas.

Im Jahre 1950 wandte sich der französische Hochkommissar in Deutschland an seinen amerikanischen Kollegen im HICOG und beantragte abermals die Auslieferung Barbies. In dem Brief hieß es, die französische Polizei habe Barbie in der amerikanischen Zone und im Beisein zweier amerikanischer Offiziere verhört, und zwar nicht einmal, sondern mehrmals, und daher könne man voraussetzen, daß die Amerikaner seinen Aufenthaltsort kannten. Und wieder war es dasselbe: Niemand im HICOG wußte etwas von einem Barbie. Mit großem Zynismus erarbeitete ein Beamter der Abteilung öffentliche Sicherheit des HICOG einen Bericht, demzufolge «es die französischen Behörden unterlassen, den Ort anzugeben, an dem Barbie in der amerikanischen Zone verhört worden sein soll, und sie nennen auch nicht die Namen der beiden amerikanischen Offiziere, die angeblich dem Verhör beiwohnten ...»

Bei der Wiedergabe dieser Beweise von Zynismus behauptet Herr Ryan, daß «tatsächlich niemand im HICOG von der Verwendung Barbies durch das CIC unterrichtet war». Barbie befand sich seit drei Jahren als bezahlter Informant unter dem Schutz des CIC. Im April 1950 wurden beim Prozeß gegen Hardy Informationen in die Anklageschrift aufgenommen, die Barbie den französischen Beamten während der Verhöre gegeben hatte. So erfuhr man erstmalig in der Öffentlichkeit, daß Barbie nicht nur frei in der amerikanischen Zone lebte, sondern unter dem Schutz der amerikanischen Behörden stand. Als sich die Journalisten an EUCOM wandten, um sich diese skandalöse Nachricht bestätigen zu lassen, bekamen sie ein lakonisches «no comment» zur Antwort.

Dennoch war EUCOM besorgt über all die peinlichen Versionen, die noch immer in der französischen Presse erschienen. Memoranden gingen zwischen den verschiedenen Sektionen hin und her, und in einem von ihnen hieß es: «Klaus Barbie, ehemaliger Informant dieser Sektion,

war zwischen Mai 1947 und Mai 1949 beim CIC angestellt ... Die Anschuldigungen, es handle sich um einen
Kriegsverbrecher, sind eine bösartige Entstellung der Wahrheit.»

Lügen über Lügen. Schließlich beriet die Leitung des
CIC, und man kam zu dem Schluß, Barbie werde auf keinen
Fall an die Franzosen ausgeliefert. Aber die Leitung sah es
nicht als notwendig an, Region XII von diesem Beschluß zu
informieren. Ein Telegramm mit der Bitte um Instruktionen
wurde einfach ignoriert.

Die amerikanische Botschaft wandte sich an HICOG,
um anzufragen, was über Barbie bekannt sei. Die Antwort:
«Die Vorwürfe, er werde beschützt ... sind ungerechtfertigt
und entbehren jeder Grundlage.» Und außerdem wüßten
weder CIC noch HICOG etwas über Barbies Aufenthaltsort.

Im Ryan-Bericht heißt es: «HICOG erfuhr niemals, daß
die Verbindung Barbies zum CIC noch nach dem 28. April
1950 bestand.» Diese unglaubliche Behauptung stützt sich
darauf, daß in den internen Memoranden HICOGs und in
dessen Korrespondenz mit dem State Department nicht von
Barbie gesprochen wird. Die Naivität des Herrn Ryan geht
wirklich zu weit!

Am 16. Juni informierten CIC und EUCOM das HICOG,
Barbie sei am 28. April verschwunden. Währenddessen bewegte sich der Nazi-Kriegsverbrecher seelenruhig durch die
gesamte amerikanische Zone und sammelte Informationen,
für die er Geld, Nahrungsmittel, Zigaretten und mancherlei
Vergünstigungen erhielt.

Aber das bedeutet nicht, daß die amerikanischen Behörden die Wahrheit kannten. In einem Telegramm der Botschaft der USA in Paris ans State Department heißt es wörtlich: «... [unsere Informationen] besagen, im Fall Barbie
[sic] liegen höchst peinliche Risiken, und wir übertreiben
nicht.»

Während die Franzosen weiterhin auf allen Ebenen auf
die Auslieferung Barbies drängten, verwickelten sich die
amerikanischen Behörden – HICOG, EUCOM, CIC und
State Department – immer tiefer in ihrem Lügengespinst.
Die französischen Zeitungen wußten, Barbie lebt in Augs-

burg, und veröffentlichten sogar seine Adresse. Am selben Tag zog Barbie um.

EUCOM wollte sich absichern und schickte Mitte Mai ein Telegramm an die Leitung des CIC: «Die Sicherheitskräfte des HICOG haben die deutsche Polizei in der gesamten Zone gebeten, Klaus Barbie [sic] zu suchen und festzunehmen. Wir bitten um größtmögliche Hilfe.»

Das CIC ließ das Telegramm einfach unbeachtet, und das Ausbleiben einer Antwort scheint EUCOM nicht beunruhigt zu haben.

Die amerikanische Botschaft in Paris begann, sich wegen des wachsenden Presseskandals Sorgen zu machen. Sie schrieb an den politischen Berater des HICOG und wies darauf hin, daß «diese Angelegenheit immer peinlicher wird», und «droht, sich in eine ständige und geeignete Quelle antiamerikanischer Propaganda zu verwandeln». Die Antwort, kurz zusammengefaßt: «Wir konnten Barbie nicht aufspüren.»

Mit seiner gewohnten Naivität schreibt Herr Ryan, daß «die Abteilung öffentliche Sicherheit des HICOG und die deutsche Polizei Barbie suchten», und fügte dann hinzu: «Das CIC, das wußte, wo er war, suchte ihn nicht.» Im Gegenteil: CIC und EUCOM teilten HICOG mit, Barbie habe 1949 aufgehört, für das CIC zu arbeiten, und dieses habe im April 1950 jeglichen Kontakt zu ihm verloren. Beide Behauptungen sind falsch. Tatsächlich hat das CIC Barbie von April 1947, als er formell rekrutiert wurde, bis zum April 1951, als er mit seiner Familie nach Südamerika abreiste, ununterbrochen beschäftigt und kannte zu jedem Zeitpunkt seinen Aufenthaltsort.

Die Amerikaner befürchteten natürlich, Barbie könnte den Franzosen, sollte er von ihnen festgenommen werden, erzählen, das CIC spioniere sie, die Verbündeten und Freunde, aus.

Etwas später, im September 1950, ließ das CIC verlauten, daß «Barbie nicht mehr unter unserer Kontrolle steht». Wenn das stimmt, meint Ryan, so kann das bedeuten, daß «das CIC Barbie zeitweilig einem anderen Beschützer, beispielsweise der CIA, übergeben hat». Zweifellos eine interessante Andeutung.

Gleich darauf macht Ryan einen Rückzieher und sagt, dafür fänden sich keinerlei Spuren in den Archiven der CIA (!), und außerdem habe das CIC drei Monate später erklärt, daß die Region XII Barbie weiterhin «beherbergt ... unterhält ... und benutzt».

Aber die Lage wurde riskant. Barbie selbst fürchtete eine Entführung durch die Franzosen. Er wußte genau, in Frankreich erwartete ihn die Guillotine. Außerdem sprach die französische Presse unaufhörlich von der Angelegenheit. Widerstandsorganisationen schrieben an die Botschaft der USA in Paris und an die Konsulate in verschiedenen Städten und protestierten gegen die monströse Tatsache, daß ihre Verbündeten einem Kriegsverbrecher, Massenmörder und Folterknecht Unterschlupf und Schutz gewährten.

Region XII teilte der Leitung des CIC mit, Barbie selbst «lebe in der ständigen Furcht, von den Franzosen festgenommen zu werden». Im Dezember 1950 faßte man einen Ausweg ins Auge: eine von den Kollegen der in Österreich operierenden Abteilung 430 des CIC durchzuführende illegale Operation. Es handelte sich dabei um die «Rattenroute», von der wir im nächsten Kapitel ausführlicher sprechen werden.

So wurde – obwohl Ryan es natürlich nicht sagt – beschlossen, Barbie bis auf weiteres «auf Eis zu legen». Man würde ihn mit Frau und Kindern nach Südamerika schikken, damit er sich dort eine neue Identität und eine neue Existenz schaffen konnte. Er sollte sich eine Zeitlang verborgen halten und dann Kontakt zu wichtigen Persönlichkeiten seiner neuen Heimat herstellen. Danach könnte er für die Geheimdienste der USA erneut von Nutzen sein.

Natürlich war Klaus Barbie nicht der einzige Kriegsverbrecher, der von den amerikanischen Geheimdiensten benutzt wurde. Er war auch nicht der einzige, den dieses Land mit Blick auf künftige Verwendung unter strategischen Gesichtspunkten in verschiedenen Ländern ansiedelte.

Die wiederum ergreifend naive Version Ryans lautet: 1965 schlug der amerikanische militärische Geheimdienst vor, Barbie als Agenten in Bolivien zu «reaktivieren». Auf der Suche nach möglichen Agenten, die bereits in Südamerika ansässig waren, wandte sich die amerikanische Armee mit der Bitte um Informationen an das Büro des stellvertretenden Personalchefs des Geheimdienstes. Ein Mitarbeiter dieser Dienststelle hatte in Deutschland mit Barbie zusammengearbeitet und schlug ihn als künftigen Agenten vor. Zunächst wandte sich die Armee an die CIA, um mehr Informationen über den Anwärter zu bekommen. Gleichzeitig bat sie den Militärattaché der US-Botschaft in La Paz, diskret herauszufinden, in welcher Situation sich Barbie befand. Der Militärattaché antwortete, Barbie sei Besitzer einer «Tischlerwerkstatt» oder eines «Holzdepots». Bis 1967 wurde nicht mehr von der Sache gesprochen; dann schickte der militärische Geheimdienst eine weitere Anfrage an die CIA, bevor sie «den Kontakt zu dem Subjekt wiederherstellte, um dessen gegenwärtige Möglichkeiten einschätzen zu können».

Die CIA teilte mit, sie habe alle ihr zugänglichen Quellen erforscht, ohne eine «Spur» von Barbie gefunden zu haben. Am 5. April 1967 fand eine Zusammenkunft von führenden Offizieren der CIA und der Armee statt, auf der die Frage diskutiert wurde. Ein von den CIA-Vertretern im Anschluß an die Sitzung erarbeitetes Memorandum hält fest, sie hätten das Interesse der Armee an einer Reaktivierung Barbies gedämpft. Dem Memorandum zufolge sagten die CIA-Offiziere der Armeedelegation, man müsse die Vorwürfe, Barbie sei ein Kriegsverbrecher, ernsthaft in Betracht ziehen, da er noch immer von den deutschen Behörden gesucht werde. Die Aufdeckung der Rolle, die das CIC bei der Flucht Barbies aus Europa gespielt hatte, würde schwere Folgen haben, vor allem, wenn man ihn jetzt weiter beschäftigte. (Diese Skrupel seitens der CIA muten befremdlich an, aber so lauten die Aussagen des Herrn Ryan.) Schlußfolgerung: Die Armee müsse beweisen, daß Barbie in der Lage sei, «einzigartige Informationen von beträchtlicher Bedeutung unter sicheren Bedingungen» zu liefern, ehe die CIA seine Reaktivierung als Informant der Armee gestatten würde.

Im April 1968 schickte die Armee – laut Ryan-Bericht – einen Brief an die CIA und teilte mit, der Vorschlag, Barbie wieder einzustellen, sei «ad acta gelegt» worden.

Eine andere interessante Einzelheit, die uns der Ryan-Bericht liefert, besagt, in dem Gespräch eines Untersuchungsbeamten des Justizministeriums mit einem Beamten des bolivianischen Innenministeriums habe dieser mitgeteilt, die von Barbie gelieferte Information gelange zwar in die Hände eines Funktionärs der US-Botschaft in La Paz, sei aber «eine nicht angeforderte Information und ... der Vertreter der US-Regierung ließ Barbie über den bolivianischen Funktionär keinerlei Aufträge überbringen oder ihm gegenüber Wünsche äußern».

Ryan schluckt dieses Märchen, ohne irgendwelche Zweifel anzumelden, und folgert, daß «diese Einzelheit nicht beweist, daß es zwischen Barbie und der amerikanischen Regierung irgendeine Verbindung gibt».

Niemandem ist aufgefallen, daß dies die einzige Gelegenheit ist, bei der angedeutet wird, Barbie habe in Bolivien «Informationen» gesammelt und sie an einen nicht identifizierten Beamten des Innenministeriums weitergegeben, der sie dann seinerseits an einen ebensowenig identifizierten Beamten der US-Botschaft leitete. Wenn man voraussetzt, Barbie habe seinerzeit geheime Informationen an das Innenministerium Boliviens gegeben oder verkauft, so hätten diese zwangsläufig dem Stellvertretenden Minister, Gustavo Sánchez, in die Hände fallen müssen.

Barbie sammelte tatsächlich Informationen für die bolivianische Regierung, aber nur unter den diktatorischen Regims. Ryan bekam den Befehl für seine Nachforschungen nach Barbies Ausweisung aus Bolivien. Wir können mit allem Nachdruck sagen, während der demokratischen Regierung des Dr. Hernán Zuazo hatten wir keinerlei Kenntnis von irgendwelchen von der US-Regierung angeordneten Untersuchungen der Aktivität Barbies.

Anwalt Allan Ryan akzeptiert, ohne sie für wichtig zu halten, die Tatsachen, daß Barbie a) in Bolivien Informationen sammelte und daß diese b) routinemäßig an die US-Botschaft in La Paz weitergeleitet wurden.

Ryan gelangt zu der Schlußfolgerung, die Behinderung der Justiz durch Offiziere des CIC stelle kein Delikt dar, denn derartige Vergehen verjähren, laut amerikanischer Gesetzgebung, nach fünf Jahren. Da die Identität «Altmanns» erst 1972 aufgedeckt worden sei, wäre daher 1977 die letzte Gelegenheit gewesen, diejenigen, die ihn beschäftigt und dann aus Europa herausgebracht hatten, vor Gericht zu stellen.

Anschließend fügt er etwas hinzu, was de facto eine Entschuldigung für diejenigen darstellt, die gelogen, betrogen und einen Mörder und Kriegsverbrecher beschützt haben, der von einer verbündeten Nation gesucht wurde: «Ich kann nicht zu der Schlußfolgerung gelangen, diejenigen, die beschlossen, Klaus Barbie zu benutzen und ihm zu vertrauen, können jetzt wegen dieser Entscheidung angeklagt werden. Jeder von uns hätte, wäre er an ihrer Stelle gewesen, einen entgegengesetzten Entschluß fassen können. Aber man muß zugeben, diejenigen, die so handelten, mußten de facto erreichen, daß die eingenommene Haltung vertretbar, wenn auch nicht die einzige vertretbare, war.» Alles in allem: Hier ist nichts passiert.

In seinen Empfehlungen schlägt Ryan vor, die Regierung der USA solle sich bei der Regierung Frankreichs für die Weiterbeschäftigung Barbies nach seiner Entlarvung als Kriegsverbrecher entschuldigen. Wir wissen nicht, ob dieser rein symbolische Akt der Genugtuung stattgefunden hat, aber wenn ja, so glauben wir nicht, daß dies ein Trost für die Mütter und Geschwister der Kinder von Izieu oder für die Angehörigen Tausender von Erschossenen und Zehntausender von gefolterten Häftlingen war.

Man muß sich auch fragen, was geschehen wäre, wenn es keine Beate Klarsfeld gegeben hätte, die «Altmann» entlarvte.

Wichtiger noch: Was wäre geschehen, wenn Dr. Hernán Siles Zuazo nicht auf demokratischem Weg Präsident Boliviens geworden wäre?

Und schließlich: Was wäre passiert, wenn er nicht im richtigen Augenblick einen Mann der Tat wie Gustavo Sánchez als Stellvertretenden Innenminister zur Verfügung gehabt hätte?

Der achtbare Herr «Altmann» hätte unbehelligt weitergelebt mit seinen verdeckten Verbrechen, seinen dunklen Geschäften mit Drogen und Waffen, mit seinen Patenschaften über kriminelle paramilitärische Gruppen im Andenland

Bolivien, in das er dank amerikanischer Hilfe gelangte ... auf einem illegalen Weg namens «Rattenroute». Eine Ratte wie Klaus Barbie benutzte diesen einzig möglichen Weg der Emigration dank des Schutzes, den ihm der amerikanische Imperialismus gewährte.

Kapitel VIII
Die «Rattenroute»

Im Sommer und im Herbst 1950 blieb Barbie in einem Sicherheitshaus des CIC in Augsburg und setzte seine Tätigkeit für diese Organisation fort. Er fürchtete, von den Franzosen entführt zu werden, und seine Vorgesetzten suchten eifrig nach einer Möglichkeit, ihn aus Europa herauszubringen.

Laut Ryan-Bericht erfuhr die 66. CIC-Abteilung erst im Dezember 1950 von geheimen Aktionen, die seit drei Jahren in Österreich von den Kollegen der 430. Abteilung, die der USFA (der US-Armee in Österreich) unterstellt war, organisiert wurden.

Der «Rattenroute» genannte Fluchtweg wurde Ryan zufolge einzig und allein dafür benutzt, das Leben von Menschen zu retten, die aus der sowjetischen Zone geflohen waren, um sich unter amerikanischen Schutz zu begeben. Mit seiner gewohnten Naivität versichert Ryan, Barbie sei der einzige Kriegsverbrecher gewesen, den man auf der «Rattenroute» hinausgeschleust habe.

Die Route führte zunächst von Österreich nach Italien, wo sie unter Kontrolle des kroatischen katholischen Priesters Krunoslav Draganović stand. 1941 hatten Hitler und Mussolini den «Unabhängigen Staat Kroatien» unter Führung von Ante Pavelić, einem wütenden kroatischen Nationalisten, geschaffen. In den darauffolgenden Jahren wurden Hunderttausende von Serben durch die Ustascha, die Armee Pavelićs, umgebracht. Der Staat Kroatien verschwand im April 1945, beim Zusammenbruch des Dritten Reiches. Viele kroatische Kriegsverbrecher flohen nach Österreich, dessen Grenze etwa hundert Kilometer von der kroatischen Hauptstadt Zagreb entfernt lag. Ohne jeden Zweifel wurde die Rattenroute organisiert, um ihnen die Flucht aus Europa zu ermöglichen.

Barbie und seine Familie verließen Augsburg im März 1951 in Begleitung eines CIC-Offiziers namens George Neagoy, der wenig später zur CIA gehen sollte. Heute verwaltet Neagoy, der sich von der Geheimdienstarbeit zurückgezogen hat, den Angestellten-Speiseraum einer New-Yorker Fernsehanstalt.

Die Rattenroute hatte ohne jedes Problem und ohne jeden Zwischenfall funktioniert, seit sie 1947 von zwei Beamten der 430. CIC-Abteilung, Jim Milano und Paul Lyon, geschaffen worden war, um «Agenten und Sympathisanten der USA aus der russischen Zone von Wien herauszuholen und sie in Salzburg, in der amerikanischen Zone, in Sicherheit zu bringen», schreibt der Schriftsteller Tom Bower.

1950 erklärte Paul Lyon, die «Fracht» sei von Agenten des CIC nach Italien begleitet und dort an Draganović übergeben worden. Lyon sagt, er selbst habe «Pater Draganović aktiv geholfen, und zwar mittels eines nordamerikanischen Bürgers, der Auswahlchef des Büros der IRO [der Internationalen Flüchtlingsorganisation] in Rom war und der die Papiere und die finanzielle Hilfe der IRO für den weiteren Transport besorgte. Dies geschah natürlich illegal, denn solche Personen durften, gemäß der in Genf verfaßten Gründungscharta der IRO, auf keinen Fall ausgewählt werden.»

Das CIC in Österreich hatte keinerlei Illusionen bezüglich Draganovićs: «Man weiß und es ist erwiesen, daß Draganović ein Faschist, Kriegsverbrecher und so weiter ist und daß seine Kontakte zu ähnlich gearteten südamerikanischen Diplomaten von den Beamten des US-State Departments nicht gebilligt werden ...»

Wenn der Flüchtling auf dem Schiff war, erhielt das State Department von der 430. CIC-Abteilung einen Bericht, der den wahren und den falschen Namen sowie Angaben zur Person des Emigranten erhielt – eine Information, die das State Department an seine Botschaft und die Konsulate im Zielland der «Ratte» weiterleitete. Dabei wurde hinzugefügt, diese Person sei «für den amerikanischen Geheimdienst von Interesse».

Die 66. CIC-Abteilung hielt die Aussicht, sich Barbies zu entledigen, für sehr attraktiv. Zunächst einmal bereitete – laut Ryan-Bericht – ein gewisser Hauptmann Unrath einen allgemeinen Bericht über den Fall vor und übergab ihn

Oberst Stevens, der als Stellvertretender Kommandeur des CIC nach Stuttgart versetzt worden war.

Hier einige Absätze aus besagtem Papier:

«Klaus Barbie war seit 1947 als Informant dieser Organisation im Gebiet der Region XII tätig. Vorher war er hoher Gestapobeamter in Lyon, Frankreich, und hat während seiner Dienstzeit angeblich viele französische Patrioten gefoltert und ermordet. Aufgrund dieser angeblichen Taten wird Barbie von den Franzosen gesucht, um als Kriegsverbrecher vor Gericht gestellt zu werden ... Region XII beherbergt das Subjekt und seine Familie noch immer in einem Kontakthaus und ernährt es nicht nur, sondern benutzt es als Informanten.»

Das war «ein Problem», denn im September des Vorjahres hatte das CIC in aller Form versichert, es habe keine Ahnung vom Aufenthaltsort Barbies, der vor langer Zeit aufgehört habe, für die Organisation zu arbeiten.

Ein weiteres interessantes Detail liefert uns der Ryan-Bericht bezüglich Barbies Ausreise aus Europa. Das Hauptquartier des CIC teilte der Region IV, die damit beauftragt war, ein Reisedokument zu besorgen, mit, daß «besagtes Subjekt und seine Familie von großem Interesse für den Geheimdienst der USA ...» seien.

Nicht nur dies: Es wurde hinzugefügt, daß «das Subjekt aufgrund einer höchst delikaten Aufgabe ... [reise]. Das CIC hat diesen Beschluß auch gefaßt, um dem Subjekt im Auftrag einer anderen Agentur der USA zu helfen.»

Welcher «anderen Agentur»? Das kann nur die CIA sein. Natürlich tut der Ryan-Bericht das obengenannte Dokument ab und sucht komplizierte Erklärungen, um schließlich zu behaupten, es gäbe «keinerlei Anzeichen» dafür, daß Barbie für die CIA arbeitete oder seine Ausreise aus Europa tatsächlich mit einer neuen Geheimdienstaufgabe in dem Land, das ihn aufnehmen würde, zusammenhinge.

Anderen Quellen zufolge wurde die Rattenroute anfänglich vor allem von kroatischen Kriegsverbrechern und später dann von russischen Überläufern und wertvollen Kontaktpersonen benutzt, die für verschiedene Geheimdienste der USA gearbeitet hatten und plötzlich Gefahr liefen, von einem der Verbündeten festgenommen zu werden. Milano, einer der Schöpfer dieses Fluchtweges, sagte dazu: «Zur Belohnung für ihre Dienste siedelten wir sie in unterschiedlichen Teilen der Welt an.»

Diese «verschiedenen Agenturen» konnten nur zwei sein: das CIC und die CIA, die damals in Europa unter der Bezeichnung DAD (Department of the Army Detachment) unter militärischem Deckmantel tätig war. In einem Bericht über das Netz von Merk, datiert vom März 1948, können wir lesen: «Da nun so viel für das DAD nützliches Material einging, wurde ein Kontakt zum örtlichen DAD hergestellt und beschlossen, diesem die eingegangenen Informationen, falls sie für ihn von Interesse waren, zuzuführen. Diese Praxis wurde zu beiderseitigem Vorteil der Organisation geübt.»

Das weist darauf hin, daß die CIA die Informationen des Merk-Netzes – dessen stellvertretender Leiter Barbie war – erhielt und dafür teilweise die Kosten übernahm.

Letzteres wird von Erhard Dabringhaus bestätigt, der Mitte 1948 für kurze Zeit Barbies Führungsoffizier war. Er erklärte, man habe ihm einmal tausendsiebenhundert Dollar in amerikanischer Währung für Barbie übergeben, und er habe angenommen, das Geld stamme von «einer anderen Agentur», weil das CIC nicht über derartige Mittel verfügte, um seine Informationen zu bezahlen.

Der Ryan-Bericht bestätigt, das CIC zahlte tatsächlich niemals so hohe Summen, sondern vergütete statt dessen mit Konserven, Zigaretten, Lebensmittelkarten und deutschem Geld. Auch die Zahlungslisten von Dabringhaus weisen darauf hin, daß man Merk mit Zigaretten und einer winzigen Summe in deutscher Währung entlohnte. Es gibt keinen Grund, den Chef des Netzes mit Zigaretten zu honorieren, während sein erster Gehilfe große Mengen Dollar erhielt, heißt es im Ryan-Bericht, und völlig unlogisch gelangt man zu dem Schluß, Barbie habe nicht für die CIA gearbeitet. Woher kamen dann aber die tausendsiebenhundert Dollar, die Dabringhaus, ein Universitätsprofessor und eine höchst respektable Person, Barbie übergeben haben will?

Die Rattenroute funktionierte perfekt und häufig. War die «Ratte» erst einmal in Salzburg, brachten Milano und sein aus drei Männern bestehendes Team sie in einem Sicherheitshaus unter, das man «Rattenhaus» nannte. Fast alle Flüchtlinge wollten nach Südamerika, wobei sie die Länder

Chile, Peru, Brasilien, Argentinien und Kolumbien bevorzugten.

Das einzige Hindernis bildete die Fülle von erforderlichen Dokumenten, Genehmigungen, Visa und Pässen, um sich in Österreich und im besetzten Deutschland, in Italien und überhaupt in Europa zu bewegen, da der Kontinent sich Anfang der fünfziger Jahre noch nicht von den Kriegswirren und Verwüstungen erholt hatte. Aber das bedeutete für Milano kein Problem: Das CIC verfügte über ein Labor, in dem eine Gruppe von Fälscherexperten Pässe, Ausweise und Dokumente aller Nationalitäten, einschließlich der amerikanischen, herstellte. ·

Von Bower interviewt, sagte Milano, man habe nicht immer zu Fälschungen greifen müssen: «Man konnte auch Dokumente kaufen. Eine unserer Quellen war ein Mitarbeiter im italienischen Außenministerium. Die Bestechung war in diesem Geschäft ein Schlüsselelement.»

In Rom beschaffte außerdem der bereits erwähnte amerikanische IRO-Beamte Reisedokumente. Einigen Angaben zufolge gab sich dieser mit der Zeit dem Alkoholismus hin und sprach in trunkenem Zustand über die äußerst delikaten Operationen. Daher mußte man schließlich auf seine Dienste verzichten.

Milano stellt fest, jede Operation auf der Rattenroute wurde sorgfältig, Schritt für Schritt, geprobt, um der amerikanischen Regierung jedwede peinliche Situation zu ersparen. «Niemals ließen wir ein Objekt der Rattenroute aus den Augen», erklärte er. Waren die notwendigen Dokumente beschafft, steckten seine drei Männer die «Ratte» in eine amerikanische Uniform und fuhren mit ihr in einem Armeejeep nach Bad Gastein, wo sie das Fahrzeug auf einen Zug luden und so über die Alpen zur italienischen Grenze reisten. Dort erwartete sie ein bestochener Grenzer, der sie ohne jede Formalität passieren ließ, woraufhin sich das Quartett nach Neapel oder Genua begab, je nachdem, von welchem Hafen aus das nächste Schiff über den Atlantik in See stechen würde.

Eine Variante bestand darin, über Rom zu reisen, wo Draganović eine Zeitlang Beziehungen zu einem katholischen Seminar hatte, in dem junge Kroaten zu Priestern ausgebildet wurden. Aber 1951 lebte Draganović in Genua und überwachte von dort aus das letzte Stück der Rattenroute. Milano nannte ihn den «guten kleinen Pater». Einigen Quellen zufolge besaß dieser «beispielhafte» Priester in Genua das bescheidene Hotel Nazionale in der Via Lomellini Nr. 6, in dem die «Ratten» und ihre Familien untergebracht wurden, während sie auf die Abreise des Schiffes warteten. Draganović berechnete den Amerikanern fünfzig Dollar pro Tag und Person, was seinerzeit selbst für ein Luxushotel ein skandalöser Preis gewesen wäre.

Der Agent Paul Lyon – Mitbegründer der Route – hatte Draganović in Trieste kennengelernt. Sehr bald entdeckte er, daß der Priester ausgezeichnete Kontakte zu den Organisationen hatte, die sich um die «deplazierten Personen» (displaced persons oder DPs) kümmerten, von denen es im Nachkriegseuropa Millionen gab. Die lateinamerikanischen Länder hatten ihrerseits Einwanderungsquoten für die verschiedenen Nationalitäten festgelegt und waren außerdem begierig, Facharbeiter als Einwanderer ins Land zu holen.

Draganović informierte Milano und Lyon über die in den einzelnen Ländern besonders gefragten Berufe. Wenn Brasilien Dreher suchte, vermerkte man «Dreher» als Beruf des Antragstellers, selbst wenn er Zahnarzt oder Kuchenbäcker war. Für die Organisation der Abreise und die Beschaffung der gesamten erforderlichen Dokumentation stellte Draganović den Amerikanern tausend Dollar pro Person in Rechnung, wobei für Kinder die Hälfte zu zahlen war. Es gab auch einen Sondertarif von tausendvierhundert Dollar für die «Vorzugsbehandlung wichtiger Persönlichkeiten».

Oft kam es zu Verzögerungen bei der Abfahrt der Schiffe, und so war es sehr einträglich, die «Ratte» im Hotel Nazionale zu verbergen – zusammen mit dem amerikanischen Geleitschutz, der den Schutzbefohlenen erst verließ, wenn dieser das Schiff bestieg. «Wir gingen mit ihm an Bord und übergaben ihn dort jemandem, der wußte, daß es sich um eine besondere Persönlichkeit handelte, deren man sich annehmen mußte. Das war der letzte Teil der Rattenroute», sagte Milano.

Tom Bower, der die Geschichte der Route eingehend studiert hat, meint, niemand habe Europa mit weniger als tausend Dollar verlassen und manche hätten bis zu achttausend Dollar bei sich gehabt: als Anerkennung für geleistete Dienste. Derselbe Autor weist darauf hin, daß «man sich erzählte», Barbie habe fünftausend Dollar bekommen, obwohl er später den bolivianischen Behörden gegenüber erklärte, er besäße nur achthundertfünfzig Dollar.

Bisher hat man nicht genau feststellen können, wie es zu der Entscheidung kam, Barbie über die Rattenroute hinauszuschleusen. In dem bereits erwähnten Bericht von Hauptmann Unrath an Oberst Stevens wird vorgeschlagen, ihm eine Geldsumme auszuhändigen und ihn entweder in ein Flüchtlingslager zu schicken oder ihm in Deutschland «freie Bahn» zu lassen. Unrath bemerkte noch, die spätere deutsche Regierung werde ihn niemals an Frankreich ausliefern.

Statt dessen beschloß man, ihn auf der Rattenroute nach Südamerika zu schicken. «Die Umstände, unter denen der Beschluß gefaßt wurde, sind nicht völlig klar, weil in der Akte Barbie beim CIC etwa dreizehn Dokumente fehlen, die sich auf die Zeit zwischen der Übergabe des Unrath-Memorandums an Oberst Stevens am 11. Dezember und Barbies Abreise nach Südamerika im März 1951 beziehen. Als 1951 in Deutschland ein Inhaltsverzeichnis der Akte angelegt wurde, um diese auf Mikrofilm zu konservieren, befanden sich diese Dokumente in der Akte, denn sie tauchen im Inhaltsverzeichnis auf. Als das Material dann aber, einige Wochen später, tatsächlich auf Mikrofilm aufgenommen wurde, waren die Dokumente nicht da, denn sie sind nicht auf dem Mikrofilm. Alle unsere Versuche, die Dokumente mit anderen Mitteln ausfindig zu machen oder festzustellen, unter welchen Umständen sie verlorengingen oder aus der Akte entfernt wurden, sind gescheitert», heißt es mit vollem Ernst im Ryan-Bericht.

Anscheinend war schon 1951 «irgend jemand» sehr daran interessiert, keine Spuren von der Verbindung zwischen Barbie und dem CIC und von den Umständen zu hinterlassen, unter denen beschlossen wurde, ihn nach Bolivien zu schikken.

Es scheint unter denjenigen, die in Augsburg, Stuttgart

und Frankfurt am Main aktiv an der Beschlußfassung beteiligt waren, eine Epidemie von Gedächtnisschwund gegeben zu haben. Das betrifft auch den Oberkommandierenden des CIC, Oberst David Erskine. Alle sowohl von Ryan als auch von den Autoren anderer Bücher über Barbie befragten Zeugen behaupten, sich nicht an den Fall erinnern zu können. Er war wohl einer unter vielen.

Allem Anschein nach gab das EUCOM am 25. Januar 1951 sein Einverständnis. Am 12. Februar erscheint der Name Klaus «Altmann» erstmalig in einem offiziellen Dokument. Es ist seltsam, daß sich Barbie bei der Wahl des Namens, den er für den Rest seines Lebens tragen mußte, für den des Oberrabbiners der Stadt Trier entschied, in der er vom zehnten bis zum zwanzigsten Lebensjahr gewohnt hatte. Der Jude Altmann war 1938 nach Holland geflohen und 1942 deportiert worden. Man hat nie wieder etwas von ihm gehört.

Einer Quelle zufolge war Barbie bei Betreten der Route in Begleitung von George Neagoy, von der 430. CIC-Abteilung für Österreich. Leo Hecht, ein dreiundzwanzigjähriger Jude, der für die US-Armee arbeitete, bekam von Region XII des CIC in Deutschland den Befehl, der Familie Barbie bei der Vorbereitung auf die Evakuierung zu helfen. Auf Verlangen Neagoys sorgte er dafür, daß sich die ganze Familie für die neuen Dokumente fotografieren ließ, beschaffte Koffer und andere Kleinigkeiten für die Abreise aus Augsburg und sicherte ein Abschiedstreffen zwischen Barbie und dessen alter Mutter.

«Da man fürchtete, französische Agenten könnten der Mutter folgen, um den Sohn aufzuspüren, organisierte man das Treffen mit allen Vorsichtsmaßnahmen einer geheimen militärischen Operation», heißt es bei Bower. «Frau Anna Hees-Barbie wurde befohlen, auf Umwegen von Trier nach Augsburg zu reisen. Der junge Hecht erwartete sie, in Zivil, am Bahnhof und benutzte ein illegales Auto, um sie zum Sicherheitshaus zu bringen, wo das Treffen stattfinden sollte», geht aus einer anderen Quelle hervor. Hecht mußte bei dem Gespräch zugegen sein, um zu sichern, daß Barbie nicht einmal seiner Mutter von seinen Plänen berichtete.

Übrigens weiß niemand, wieviel Anna Hees wirklich

wußte. Als sie 1950 in Trier von dem französischen Inspektor Lucien Ollier verhört wurde, erklärte sie, Klaus sei möglicherweise tot, und fügte voller Pathos hinzu: «Ich habe keine Familie mehr.» 1957 besuchten ihre Schwiegertochter Regina und Barbies zwei Kinder sie mit bolivianischen Pässen und sagten ihr, sie solle ihnen an ein Postschließfach in La Paz schreiben.

Nach Hechts Aussage war Barbie, was sein neues Leben betraf, voller Hoffnung und Optimismus. Für die Dokumente ließ er sich mit heller Jacke und gepunkteter Krawatte fotografieren, aber auch jetzt setzte er das grausame Lächeln auf, das ihn bei den Häftlingen von Lyon berüchtigt werden ließ.

Die ersten Schritte waren äußerst wichtig. Neagoy händigte Barbie ein provisorisches Reisedokument für Staatenlose oder Menschen unbekannter Staatsangehörigkeit aus, das vom Gemeinsamen Büro für Reisen beim amerikanischen Hochkommissariat in München ausgestellt worden war. Nur mit diesem Dokument konnte er sich im besetzten Deutschland bewegen. Das Dokument trug die Nummer 012.145/4 und war datiert vom 21. Februar 1951. Niemand weiß, ob es eine Fälschung des CIC war oder ob es unter Angabe falscher Daten besorgt wurde. Auf jeden Fall lautete es auf den Namen Klaus Altmann. Der Schlächter von Lyon hatte nun, mit Hilfe seiner amerikanischen Herren, die Identität gewechselt.

In dem Dokument hieß es, Herr Klaus Altmann sei am 25. Oktober 1915 in Kronstadt geboren worden. Er hatte sich um zwei Jahre jünger gemacht. In ganz Deutschland gibt es weder eine Stadt noch ein Dorf noch irgendeine Ortschaft namens Kronstadt. Für seine Kinder Ute und Klaus waren Kassel als Geburtsort und der 30. Juni 1941 beziehungsweise der 11. Dezember 1946 als Geburtsdatum genannt. Barbie bekam auch ein Transitvisum mit der Nummer 1 507, angeblich ausgestellt vom italienischen Konsulat in München. Als Reiseziel wurde Triest und als Barbies Augenfarbe Braun angegeben.

Beinahe hätte er mit «Klaus Barbie» unterschrieben. Bei seinem Schriftzug unter dem Antrag erkennt man deutlich ein später eilig in «A» verwandeltes «B». Als Beruf nannte

«Altmann» «Mechaniker» – weil man in Bolivien Einwanderer dieses Faches brauchte.

George Neagoy lud die Familie auf einen amerikanischen Armeelastwagen und brachte sie über die Grenze nach Salzburg. Zwei Tage später reisten sie weiter. Da es mit zwei Kindern unmöglich war, den Trick der Verkleidung als amerikanische Soldaten anzuwenden, reiste die Familie mit der Bahn nach Genua. Wie Barbie in einem Interview erzählte, kam es nur an der österreichischen Grenze zu Komplikationen, als ein Zollbeamter die Dokumente anzweifelte. «Ich sagte zu ihm: ‹Sehen Sie, ich habe Kinder …›, und er schrie mich an: ‹Fahren Sie weiter, und lassen Sie sich nie mehr blicken.› Ich erwiderte: ‹Da können Sie sicher sein.›»

Draganović, der während des Krieges im Rang eines Oberstleutnants im Konzentrationslager Kaplan für Serben gewesen war, freundete sich mit «Altmann» an. Gegen Ende des Krieges war er, geschützt durch die Unwissenheit der Alliierten, aus Westeuropa verschwunden und hatte im Vatikan Asyl erhalten. Dort hatte er Bischof Alois Hudal kennengelernt. Dieser Mann hatte, wie manche anderen Kirchenvertreter, mit den Nazis sympathisiert, weil sie nach seiner Meinung – die mit der vieler Kirchenvertreter seiner Zeit übereinstimmte – die einzigen waren, die Europa vor dem Kommunismus schützen konnten. Nach der Niederlage des Dritten Reiches half Hudal Hunderten von aktiven Nazis, darunter hohen Gestapo-Offizieren und Kommandanten von Vernichtungslagern, über die «Vatikanroute» aus Europa zu entkommen. Draganović hatte von ihm Empfehlungsschreiben für das Internationale Rote Kreuz bekommen, das in den Nachkriegsjahren all denjenigen «deplazierten Personen» Pässe besorgte, die den Wunsch hatten, in Amerika ein neues Leben zu beginnen, anstatt ihre vom Krieg verwüsteten Heimatländer wiederaufzubauen.

Alexander Hay, Vorsitzender des Internationalen Rote-Kreuz-Komitees, bestätigt: «Tatsächlich gaben wir 1951 einem gewissen Klaus Altmann ein Reisedokument für Bolivien. Natürlich wußten wir damals nicht, wer er war … Nach dem Krieg wurden wir mit Tausenden von Anträgen überhäuft. Wir gaben die Pässe auf der Grundlage von Dokumenten, die wir für authentisch hielten, oder von offiziellen Bürgschaften aus, vor allem dann, wenn die Person, wie es häufig vorkam, alle ihre Ausweise verloren hatte. Zwei Dinge wurden verlangt: die Erlaubnis des Herkunftslandes und eine Bescheinigung des Ziellandes, daß der Einwanderer dort leben durfte.»

Es war Hudal, der Draganović die Kontakte zu dem Netz von Konsular- und Hafenbeamten und zu den Vertretern der Schiffahrtslinien besorgte, die für eine Bestechungssumme die Ausreise des Flüchtlings organisieren konnten. Obwohl das CIC den Bericht Lyons kannte, in dem Draganović als faschistischer Kriegsverbrecher bezeichnet wurde, sprach man in der Organisation weiterhin von ihm als dem «guten kleinen Pater».

Warum beschloß Barbie, gerade nach Bolivien auszuwandern? Sein erster Gedanke war, sich in Argentinien anzusiedeln, genau wie Eichmann, der auch einmal im Hotel Nazionale gewohnt haben dürfte. Einigen Quellen zufolge war es Draganović, der ihn schließlich umstimmte und ihn Bolivien wählen ließ. Einem Interviewpartner erzählte Barbie: «Draganović kannte einen Priester in Cochabamba, und sagte mir, in Cochabamba herrsche ewiger Frühling.»

Die Tage, die Familie Barbie in Genua verbrachte, waren ausgefüllt mit Geschäftigkeit. Das nächste nach Buenos Aires auslaufende Schiff, die «Corrientes», war besetzt und hatte nur in einer Kollektivkabine noch einen Platz für das Familienoberhaupt. Draganović wurde mit seiner gewohnten Geschicklichkeit aktiv, bestach den richtigen Mann, und – was für eine Überraschung – es gab eine freie Kabine für die Familie.

Dann begleitete der «gute kleine Pater» den Schlächter von Lyon ins bolivianische Konsulat in Genua und beantragte telegrafisch eine Aufenthaltserlaubnis bei den Behörden von La Paz. Wieder geschah ein Wunder: Innerhalb von nur achtundvierzig Stunden wurde eine unbegrenzte Aufenthaltserlaubnis erteilt.

Anschließend gingen die beiden Männer zum argentinischen Konsulat in der Via Albaro Nr. 38. Barbie berichtet, die Beamten hätten ihn mit «Heil Hitler» begrüßt, er habe jedoch, aus Angst vor einer Falle, nicht geantwortet. Draganović nahm den kleinen Klaus mit ins Büro des Konsuls und kam sehr bald mit Einreisevisa für die ganze Familie wieder heraus.

Die letzte Formalität in diesem Labyrinth von Papieren und dreifach ausgefertigten Anträgen mußte bei der Kommission des Internationalen Roten Kreuzes erledigt werden. Kaum sah man dort den kroatischen Priester, als der Familie «Altmann» auch schon ein provisorischer Paß ausgestellt wurde.

Zwischen Barbie und Draganović kam es zu einer engen Freundschaft (ein Sprichwort sagt: Gott erschafft sie, und sie tun sich zusammen). Gemeinsam besuchten sie Nachtklubs und Restaurants. In einem bestimmten Augenblick fragte Barbie den «guten kleinen Pater», warum er ihm helfe. Nach Barbie waren seine Gründe rein humanitär. Er half sowohl Katholiken als auch Protestanten, aber in der Mehrzahl handelte es sich um SS-Offiziere. Insgesamt waren es etwa zweihundert. Antikommunisten. Barbie gab die Meinung des Paters so wieder: «Wir müssen eine Art Reserve schaffen, die wir in der Zukunft benutzen können», und fügte hinzu: «Ich glaube, das war auch für den Vatikan das Motiv.»

Familie Barbie verließ Genua am 22. März 1951 und traf genau drei Wochen später in Buenos Aires ein. Die Überfahrt war angenehm: An Bord gab es, neben Hunderten von italienischen Auswanderern, auch viele flüchtende Nazis. Mit ihnen sprach Barbie über die ruhmreichen Tage der Vergangenheit und über künftige Möglichkeiten.

Nach sechs Tagen im Hotel El Dorado in Buenos Aires reisten die Barbies per Bahn nach La Paz. Mit ihnen fuhren drei kroatische Nationalisten und einige Katalanen. Als professioneller Geheimdienst-Offizier sollte Barbie von nun an über seine Beziehungen zu den Amerikanern Stillschweigen bewahren – Beziehungen, die er, ohne jeden Zweifel, Mitte der sechziger Jahre wieder auffrischte. Das sollte der Augenblick sein, da er in Bolivien, seiner neuen Heimat, die bei der SS gelernten Techniken anwenden würde: Genickschüsse, Foltern, Verhöre.

Plötzlich geschahen in Bolivien Dinge, die es nie zuvor

gegeben hatte. So tauchten auf einmal paramilitärische Gruppen auf, die aus ausländischen und einheimischen Terroristen zusammengesetzt waren. Das war zweifellos ein «Verdienst» von «Don Klaus», dem achtbaren Geschäftsmann Klaus «Altmann».

Kapitel IX

Die Verlobten des Todes

Mitte 1978 kam der Deutsche Joachim Fiebelkorn aus Paraguay nach Santa Cruz. Er war einunddreißig Jahre alt und
hatte ein unstetes Leben hinter sich. Nachdem er aus der
Bundeswehr desertiert war, diente er in der spanischen
Fremdenlegion, kehrte dann in die Bundesrepublik Deutschland zurück und lebte in Frankfurt am Main als Zuhälter.

Um seine persönliche Sicherheit besorgt, beschloß er,
nach Südamerika auszuwandern. Mit einem Koffer voll
Naziuniformen und Kriegsmedaillen und mit einer fanati-
schen Besessenheit für Hitler und das Dritte Reich traf er
dort ein. Innerhalb eines kurzen Zeitraums kamen noch
mehrere andere Neonazis nach Santa Cruz: Einige waren
Deutsche, andere Italiener. Sie hatten etwas Gemeinsames:
Alle waren – in irgendeiner Armee militärisch ausgebildet –
Söldner übelster Machart, die Abenteuer suchten. Sie wollten Geld und fanden es. In den USA war das Kokain gerade
Mode-Droge jünger städtischer Freischaffender, Künstler
und Bohemiens geworden, und sein Preis stieg steil an.
Santa Cruz entwickelte sich zu einer Mischung aus dem
Klondike des Jahrhundertbeginns mit seinen Goldminen
und gesetzlosen Cowboys und Las Vegas mit dem Überfluß
an Geld und Spielsalons.

Fiebelkorn und seine Gruppe hatten einen Treffpunkt: die
ihnen gehörende Bar und Bierstube Bavaria. Dort saßen sie,
mit Pistolen bewaffnet, schossen an die Decke, sangen Nazi-
lieder und suchten jemanden, der ihre Dienste in Anspruch
nehmen wollte.

Sie waren nicht die einzigen Ausländer, die sich in die
Innenpolitik des Landes einmischten. Den argentinischen
«Gorillas», die darum kämpften, ihre Einflußsphäre über

Landesgrenzen hinaus auszudehnen, war es gelungen, den Befehlsstab der bolivianischen Streitkräfte zu unterwandern und seine Entscheidungen gefährlich zu beeinflussen. Militärattachés und ihre Helfer organisierten ein System der Spionage innerhalb der Streitkräfte, um diese Informationen später «im Kampf gegen den Kommunismus» zu nutzen. Die Argentinier schafften es sogar, Telefonleitungen des Befehlsstabes und Wohnungen verschiedener Militärbefehlshaber zu kontrollieren. Die Schmutzarbeit sollte Fiebelkorn mit seinem Anhang ausführen. Sie wurden von Altmann-Barbie in einer Gruppe zusammengefaßt, die später «Verlobte des Todes» heißen sollte.

Ihr erster «Kunde» war General Echeverria, ein örtlicher Kommandant, der extraoffizielle Hilfe benötigte, um sich Schußwaffen zu beschaffen. Echeverria hatte enge Beziehungen zu Roberto Suárez, dem «Kokain-König». Beide, der General und der Rauschgiftkönig, hatten nicht verhindern können, daß ihre kolumbianischen Abnehmer von den geheimen Flugplätzen mit der «Ware» verschwanden, ohne zu bezahlen. Sie brauchten eine Privatarmee, und Echeverria schlug Fiebelkorn vor, seine Gruppe solle das Angebot überdenken.

Suárez gab ihnen ein luxuriöses Haus, Autos, Feuerwaffen und viel Geld. In der Stadt waren sie gefürchtet, und man nannte sie die «Maffia des Deutschen». In allen Nachtlokalen wurden ihnen Getränke und Frauen gratis angeboten. Andere europäische Faschisten erfuhren sehr bald von diesem Paradies der straffreien Gewaltanwendung; unter denen, die im Jahre 1979 ins Land kamen, waren Pierluigi Pagliai und Stefano delle Chiaie, zwei italienische Faschisten, die sich jahrelang in Italien an zahlreichen Attentaten, Verschwörungen und brutalen Morden beteiligt hatten.

Ihr bekanntestes Verbrechen war das Sprengstoffattentat auf dem Bahnhof von Bologna am 2. August 1980, bei dem es fünfundachtzig Tote und zweihundert Verletzte gegeben hatte. Unter denen, die von einem italienischen Gericht wegen des Massakers angeklagt wurden, befand sich Joachim Fiebelkorn, von dem man annimmt, daß er speziell mit dem Auftrag, im Bahnhof die Bombe zu legen, von Bolivien nach Italien gereist war.

All diese Neofaschisten der Nachkriegsgeneration waren zutiefst beeindruckt von Altmann-Barbie, dem Mann, der persönlich für die von ihnen so bewunderte Sache gekämpft hatte. Wie ein Mitglied der Gruppe Fiebelkorn dem Autor eines der vielen 1983 über den Fall Barbie veröffentlichten Bücher erzählte, besuchte Barbie im Frühjahr 1980, in einer für Bolivien sehr bewegten Zeit, die Gruppe in Santa Cruz. Damals war er Sicherheitsberater des Innenministeriums. Er sagte ihnen: «Der Augenblick ist gekommen. Es muß eine andere Regierung her, bevor sich dieses Land in ein zweites Kuba verwandelt. Zusammen mit unseren anderen ausländischen Freunden [er meinte Pagliai und delle Chiaie] organisieren wir gerade eine Sicherheitstruppe. Wir möchten, daß ihr da mitmacht, aber natürlich wollen wir erst sehen, was ihr könnt.»

Alvaro de Castro, Sekretär, Leibwächter und treuer Diener Altmann-Barbies, wußte, wer die «Verlobten des Todes» waren, wem sie dienten, wer sie führte, wessen Befehlen sie gehorchten. Er kannte ihre terroristischen Pläne und gehörte selbst ihrer Organisation an. Sein Chef, Klaus Altmann-Barbie, bestritt jede Beziehung zu der Gruppe; wir aber besitzen dokumentarische Beweise dafür, daß der ehemalige SS-Mann nicht nur ein Verbrecher, sondern auch ein erwiesener Lügner war.

General Hugo Echeverria, der erste «Kunde» der «Verlobten», war von der CIA ausgebildet und später des Drogenhandels beschuldigt worden. In Santa Cruz war das Bavaria das Zentrum des Kokainhandels. Es diente auch als Zufluchtsort für Prostituierte und Drogenabhängige.

Als Altmann-Barbie Fiebelkorn sagte, er wolle «seine Fähigkeiten überprüfen», forderte er die deutschen und italienischen Faschisten auf, General Garcia Meza beim Sturz der Präsidentin Lidia Gueiler und bei der Machtergreifung zu helfen. Meza war ein enger Freund und Kumpan vom «Kokain-König» Roberto Suárez. Unter dem Eindruck der Milliarden Dollar, die durch den Drogenhandel ins Land flossen, wurden Suárez und einige Generäle geizig: Sie wollten das ganze Geld und keine Einmischung mehr seitens der Regierung. Das bedeutete natürlich die Machtergreifung. Altmann-Barbie testete die faschistischen Terroristen zunächst, indem er sie als Wächter bei politischen Versammlungen einsetzte. Er war zufrieden mit ihren Fähigkeiten. Die Gruppe erhielt neue Waffen und einen gepanzerten Wagen.

Dieses Kriegsmaterial hatte Altmann-Barbie bei der österreichischen Firma STEYER-DAIMLER-PUCH gekauft, ebenso wie eine ganze Anzahl von LKWs Marke Pinzgauer-Lastwagen und Maschinengewehren Marke AUG. Letztere waren von der Firma für die Wache des Präsidentenpalastes gespendet worden, aber niemand hat die Wächter jemals mit moderner 'Ausrüstung gesehen. Statt dessen erschien in «El Diario» von La Paz ein Foto von Roberto Suárez, auf dem er eine dieser Waffen trug.

Am 17. Juli 1980 zog die Gruppe Fiebelkorn durch Santa Cruz, entschlossen, auf jeden zu schießen, der sich dem 189. Putsch in der Geschichte Boliviens widersetzte. In anderen Städten gab es Schußwechsel und Blutvergießen, aber in Santa Cruz bewegte sich keine Fliege. Altmann-Barbie erreichte, daß die neue Regierung die Gruppe als Belohnung für ihre Wirksamkeit fest in ihren Dienst stellte und ihr einen Sitz in der Nähe des Flugplatzes von Santa Cruz zuwies.

«Unsere große Chance», sagte einer der Deutschen einem Journalisten, «kam Ende neunzehnhundertachtzig, als Klaus ‹Altmann› uns aus La Paz anrief und forderte, drei von uns sollten in die Hauptstadt reisen. Der Präsident und der Innenminister Luis Arce Gómez wollten mit uns sprechen. ‹Altmann› brachte die drei in ein Haus aus Ziegelsteinen in der Nähe der BRD-Botschaft, wo der Innenminister sie bereits erwartete.»

Gegenüber einem französischen Journalisten sprach Arce Gómez von Altmann-Barbie als von «meinem Lehrer», und einem französischen Diplomaten zufolge wurde Altmann-Barbie während der Amtszeit von Garcia Meza oft im Polizeihauptquartier in La Paz gesehen, wo er den Verhörführern beibrachte, wie man politische Gefangene, Studenten und Gewerkschafter am besten foltert.

Arce Gómez, ein korpulenter Mann mit rundem, lächelndem Gesicht, ist ein Cousin von Roberto Suárez. Sein freundliches Äußeres ist die Maske eines ausgesprochen brutalen und gewalttätigen Mannes. Sie soll auch seine notorische Beteiligung am Kokainhandel vertuschen, die ihm den Spitznamen «Kokain-Minister» einbrachte. Nach einer Information der amerikanischen Regierungsstelle, die den Drogenhandel bekämpft, bekam Arce Gómez hohe Provisionen für jede Ladung Kokainblätter oder Kokainpaste, die illegal exportiert wurde. In Anwesenheit von Altmann-Barbie fragte Arce Gómez Fiebelkorn, ob seine Gruppe fähig sei, «besonders riskante Aufgaben» auszuführen. «Die drei sprangen auf und zogen ihre Revolver», wußte einer zu berichten. Nach einem Moment der Verwirrung lachte der Minister und lobte sie. Sie sollten dem Treiben von hundertvierzig kleinen Rauschgifthändlern ein Ende bereiten. Arce Gómez wollte, zusammen mit dem Präsidenten des Landes, das Monopol am Kokain erwerben.

Nach Santa Cruz zurückgekehrt, feierten die drei ihren neuen Regierungsposten. Fiebelkorn zog seine schwarze Naziuniform an und schrie «Heil Hitler». In den ersten Monaten des Jahres 1981 verbreiteten die «Verlobten des Todes» den Terror in Santa Cruz. «Wir drangen in die Häuser ein und nahmen Geiseln. Diese nannten uns weitere Namen, und wir übergaben sie der Polizei, damit man sie verhörte. Es ging uns sehr gut, und wir verdienten viel Geld», sagte einer von Fiebelkorns Männern einem englischen Journalisten.

Die Gruppe der «Verlobten des Todes» fühlte sich sicher, weil sie die Unterstützung der bolivianischen Ultrarechten genoß. Ihrerseits beschützten die Terroristen die deutsche Kolonie, die neben Raffinerien für Kokainpaste auch Zukkerzentralen, Fabriken und Viehzuchtbetriebe besaß.

Altmann-Barbie befahl seiner Terroristengruppe auch die Überwachung einiger am Drogenhandel beteiligter Bolivianer. Unter ihnen war Abraham Baptista, der ehemalige Sicherheitschef des verstorbenen Präsidenten Barrientos. Er hatte sich früher in der Provinz Cochabamba durch seine krankhafte Gewalttätigkeit im Umgang mit Gefangenen, vor allem mit den Angehörigen der Nationalen Befreiungsarmee, hervorgetan, hatte Wohnungen durchsucht, Frauen vergewaltigt, Eigentum beschlagnahmt und eigenhändig mehrere bedeutende Persönlichkeiten ermordet. Sein Antikommunismus hatte ihn in das Repressionskorps des Deutschen geführt. Im Drogenhandel aber distanzierte sich Baptista von Altmann-Barbie. Eines Tages fand man seine von Kugeln durchlöcherte Leiche in der Nähe seines Hauses in Santa Cruz. Bei der Autopsie wurde festgestellt, die bei dem Verbrechen benutzten Waffen hatten das Kaliber der bereits erwähnten ursprünglich für die Palastwachen bestimmten AUG, die nun von den «Verlobten des Todes» benutzt wurden.

«Don Klaus» kontrollierte auch andere Gruppen von Neonazis, die damals in Bolivien auftauchten. Die Terroristen verwirklichten bedenkenlos die Pläne ihres Anführers und schreckten selbst vor kaltblütigem Mord nicht zurück. Die politische Arbeit, Pressekampagnen, die politischen Parteien, Arbeiter und religiöse Organisationen, die Tätigkeit des diplomatischen Korps – alles wurde von Verbrechern überwacht, die im Dienste des ehemaligen Lyoner Gestapochefs standen.

Argentinische Militärs, die sich an der Ausbildung paramilitärischer Kader in Bolivien beteiligten, zweifelten keinen Augenblick am Erfolg ihrer Mission. Die Argentinier wollten Bolivien als Hinterland für ihre dunklen Machenschaften benutzen. Sie sahen in diesem Land ein gutes Versuchsfeld, um auf dem lateinamerikanischen Kontinent eine neofaschistische Politik durchzusetzen. In diesem Klima konnten sich die Naziberater, die ehemaligen Gestapo-Männer, die Verbrecher hervortun, die in den besetzten Ländern Europas alle Arten von Grausamkeiten begangen hatten.

Nach Meinung der Berater der bolivianischen Militärregierung mußte man den Kampf gegen den Kommunismus schärfer als je zuvor führen. Die Geheimdienste hatten herausgefunden, daß Mitglieder der illegalen Leitung der Bewegung der Revolutionären Linken (MIR), Zivilisten und Ex-Militärs, enge Beziehungen zu einigen Angehörigen der Streitkräfte unterhielten. Am 15. Januar 1981 plante die illegale Leitung in der Harrington-Straße in La Paz eine Zusammenkunft.

Vor diesem Datum traf sich Altmann-Barbie mit Innenminister Luis Arce Gómez. Altmann-Barbie, ein Experte für derartige Angelegenheiten – man darf nicht vergessen, daß er Jahrzehnte zuvor die französische Résistance unterwanderte –, konnte sich auf Hauptmann Javier Hinojosa vom Geheimdienst der Armee stützen, der sich in die MIR eingeschlichen hatte.

Am Nachmittag des 15. Januar versammelten sich die Führer der MIR in dem besagten Haus. Eine paramilitärische Gruppe unter dem Befehl von Altmann-Barbie und Minister Arce Gómez überfiel das Gelände und schoß alle Anwesenden nieder, mit Ausnahme von Gloria Ardaya, die sich im zweiten Stock unter einem Bett versteckte. Als man sie ebenfalls umbringen wollte, war es bereits zu spät: Journalisten und Neugierige umringten das Haus. Durch gezielte Genickschüsse – eine alte Technik der Nazis – sorgte ein Hauptmann dafür, daß die MIR-Führer auch wirklich tot waren.

Gloria Ardaya konnte zwar ihr Leben retten, wurde jedoch festgenommen, gefoltert und des Landes verwiesen; ihr Bruder, ein Militär, konnte oder wollte sie nicht beschützen.

Die Wiedergeburt der nationalsozialistischen Ideologie in Bolivien wurde so offensichtlich, daß alle Schichten des Volkes davon erfuhren und voller Furcht beobachteten, wie sich die Feinde der Demokratie miteinander verschworen. Verschiedene Presseorgane und Rundfunksender wagten es gelegentlich, Protest einzulegen, und warnten vor der Gefahr. So hieß es in der Ausgabe der Zeitung «Presencia», dem offiziellen Organ der Kirche, vom 4. Februar 1983:

«Vor kurzem jährte sich zum fünfzigsten Male der Machtantritt des Nazismus. Das war eine geeignete Gelegenheit, die Voraussetzungen für das Entstehen dieses seltsamen, rückständigen Phänomens zu analysieren und sich zu fragen, ob nicht auch jetzt ähnliche Symptome aufzutauchen beginnen, die eine Wiederkehr der Diktaturen befürchten lassen, die vor einem halben Jahrhundert in Europa herrschten. Die Analyse wurde mit Hilfe von Vergleichen angestellt und führte leider nicht zu der Schlußfolgerung, daß eine Rückkehr derartiger Diktaturen unmöglich oder auch nur schwierig ist. Es gibt Ähnlichkeiten, die eine Gefahr für die Demokratie bedeuten. Auch wir Lateinamerikaner und, konkreter noch, wir Bolivianer müssen uns solche Fragen stellen. Unter Schmerzen haben wir die Demokratie zurückgewonnen, und einige Brudervölker befinden sich auf demselben Weg. Aber die Demokratie war stets die bevorzugte Beute diktatorischer Tendenzen. Sie war schwer aufrechtzuerhalten und ist mehr als einmal untergegangen, wenn sie auch später mit neuen Kräften wiederbelebt wurde. Finden wir heute Bedingungen, die neue totalitäre Regime begünstigen? Trägt die entstehende Demokratie in ihrem Schoße den Keim ihrer künftigen Zerstörung, wie es in der Vergangenheit der Fall war? Die traurige Wahrheit ist, daß bereits einige bedrohliche Symptome aufzutauchen beginnen.»

Die katholische Tageszeitung hatte recht. Man konnte noch nicht genau sagen, wie tief der Nazi Klaus Barbie den Samen des Verbrechens gelegt hatte. Es war auch nicht sicher, ob die damalige Regierung fähig sein würde, die finsteren Vereinigungen zu zerschlagen.

Die organisierten Terroristen fieberten danach, «den Kommunismus für immer zu begraben». Der Kriegsverbrecher fand Genugtuung bei derartigen Aktivitäten.

Am 1. Mai 1981, als er zusammen mit seiner Frau den sportlichen Wagemut seines Sohnes Klaus Georg mit einem Segelflugzeug beobachtete, warf ein plötzlicher Windstoß Barbie junior zu Boden. Er war sofort tot: nur wenige Meter von der Stelle entfernt, an der seine Eltern standen.

Kurze Zeit darauf starb Regina, die Frau des Verbrechers, in einem Krankenhaus von La Paz an Krebs. Barbie war nun völlig allein, denn seine Tochter Ute lebte seit langem in Österreich, wo sie mit einem Professor ein eigenes Heim gegründet hatte. Eine Zeitlang versuchte Barbie, mit seiner Schwiegertochter Françoise Crozier und seinen drei Enkeln zusammenzubleiben, aber schließlich tröstete er sich mit der Leitung der Verbrechergruppe, die er aufgestellt hatte.

Nach einer Reihe von Untersuchungen über die Mitglieder der Gruppe «Verlobte des Todes» ordnete die demokratische Regierung Siles Zuazo an, die Ausländer an ihre jeweiligen Staaten auszuliefern. Die der Regierungskoalition feindlich gesonnene Demokratische Volksunion klagte die Regierung der «Menschenrechtsverletzung» an, in der ultrarechten Presse wurde Kritik an der «ungesetzlichen» Festnahme von Ausländern geübt, und auch einige Führer der UDP hetzten gegen Präsident Siles Zuazo.

Als Klaus Barbie aus Bolivien ausgewiesen wurde, erklärte Vizepräsident Jaime Paz Zamora, seine Partei sei gegen diese Maßnahme, denn man müsse ihn in Bolivien aburteilen, und man habe gegen die Gesetze verstoßen. Dem jungen, ungeduldigen Politiker ging es dabei vor allem darum, sich hervorzutun, für seine Person zu werben und seinen Wahlkampfpartner auszustechen.

Tage nach dem Austritt der Partei von Paz Zamora aus der Regierung, «nicht aber aus der politischen Front», wies das neue Kabinett, dem keine MIR-Mitglieder angehörten, den Verbrecher aus. Der Präsident Boliviens, Dr. Hernán Siles Zuazo, erfüllte damit sein Versprechen, ohne sich um die Kritiken seiner Verbündeten zu kümmern.

Hätte man Barbie an die gewöhnlichen bolivianischen Gerichte übergeben, damit diese ihn für Verbrechen verurteilten, die er geplant, nie aber persönlich ausgeführt hatte, so würde sich der Verbrecher heute völliger Freiheit erfreuen wie so viele andere, die unter der Regierung Siles Zuazo vor Gericht gestanden haben. Jaime Paz forderte das Eingreifen der Gerichte, aber es war ganz offenkundig, was in solchem Falle passierte.

Beispiel dafür ist, was mit den Männern geschah, die am 30. Juni 1984 den Präsidenten Boliviens entführt haben. Dieses Verbrechen wurde nicht von Ausländern, sondern von Einheimischen verübt; gegenwärtig regieren sie das Land, und manche von ihnen hoffen, dies auch in Zukunft tun zu können. Aber die Geschichte wird ihr Urteil sprechen, so, wie sie die Verbrechen von Klaus Barbie alias Klaus Altmann in Europa und Bolivien ahnden muß.

Kapitel X

Die Beweise klagen an

Seit der Regierungszeit von Barrientos im Jahre 1964 hatte Barbie den bolivianischen Diktatoren treu gedient. Nicht umsonst war er vom amerikanischen Geheimdienst in diesem Land angesiedelt worden; er war ein Trojanisches Pferd, das, wenn nötig, jederzeit benutzt werden konnte.

Nun, am Morgen des 12. Februar 1980 stand «Don Klaus» früh auf, machte etwas Gymnastik, um in Form zu bleiben, nahm eine lauwarme Dusche und zog seinen besten, englisch geschnittenen Anzug an. Auf dem blütenweißen Hemd prangte eine schwarze Krawatte aus Naturseide, deren Knoten exakt gebunden war. Er mußte an einer Zeremonie teilnehmen, an einer der wichtigsten seiner gesamten Laufbahn.

Alles war bereit. Um halb neun Uhr klingelte es: Alvaro de Castro, sein treuer Schüler und Privatsekretär, wollte seinen Herrn begleiten. Seinem gut gebügelten Anzug sah man kaum an, daß er schon seit Jahren getragen wurde. Unter dem Arm hielt er die Morgenzeitungen von La Paz, in denen es um den Wahlkampf ging. Nichts Herausragendes; es war, für die meisten Bewohner von La Paz, ein Tag wie jeder andere. Nicht so für den ehemaligen Gestapo-Offizier. Er empfand ihn, wie er später sagen sollte, als einen «ganz besonderen» Tag.

Die Büros der Abteilung II des Oberkommandos des Bolivianischen Heeres in der Großen Kaserne von Miraflores waren tadellos dekoriert. Alles glänzte vor Sauberkeit, und die Sekretärin hatte einen schönen Blumenstrauß ins Vorzimmer gestellt. Die roten Rosen, die Lieblingsblumen des erwarteten Gastes, waren sorgfältig ausgewählt worden.

Um acht Uhr fünfundvierzig betrat der Kommandeur der Spionageabteilung des Oberkommandos, Oberst Luis Arce Gómez, sein Amtszimmer. Der Adjutant trug ein schwarzes

Lederköfferchen. Ihm folgten die Leibwächter, die keinen Versuch machten, die modernen Schußwaffen mit den dazugehörigen Schalldämpfern unter dem Arm zu verbergen. Die Munition war speziell präpariert: mit Zyankali. Sie sollte töten und nicht verletzen.

Um Punkt neun Uhr traf der Gast ein. «Verzeihung, Herr Oberst; Herr Klaus Altmann befindet sich im Vorzimmer», meldete der Adjutant mit militärischem Gruß.

«Lassen Sie ihn hereinkommen», erwiderte der Vorgesetzte. Oberst Arce Gómez drückte dem Deutschen die Hand und verbarg seine Befriedigung nicht. «Setzen Sie sich, Don Klaus», sagte er und wies auf einen bequemen braunen Ledersessel.

Neben dem Arbeitsplatz standen, auf einem mit Plaste und Chrom verzierten Holztischchen, sechs Telefone. Auf dem riesigen Schreibtisch lag ein Dokument, das zuvor geprüft und für gut befunden worden war. «Treue-Urkunde», besagte der in Großbuchstaben gehaltene und unterstrichene Titel.

Die Unterzeichnung des Dokuments verpflichtete den Deutschen, «dem Heer Boliviens bei geheimdienstlichen Angelegenheiten bedingungslos zu dienen». Beim Verlesen des ersten Punktes hellte sich Barbies Miene auf. Möglicherweise dachte er zurück an Frankreich, an die Kasernen von Lyon. Vielleicht entsann er sich der Kinder des Waisenhauses von Izieu, der Konzentrationslager, der Gefängnisse, der Genickschüsse, die er seinen Opfern beigebracht hatte. Oder dachte er an weniger weit zurückliegende Dinge, die seit 1972 geschehen waren? An die Morde in La Paz, in Chonchocoro, in Viacha, in Cochabamba?

Die Stimme des Militärs wurde deutlicher, und er las das Dokument weiter vor. Barbie wechselte den Gesichtsausdruck und zwang sich zu einem Lächeln. Die Akte verpflichtete ihn, persönlich an militärischen Operationen teilzunehmen. Das gefiel ihm nicht so sehr: Er gab lieber aus der Entfernung Befehle.

Das Dokument, das Klaus Barbie an jenem Tag in der Großen Kaserne von Miraflores unterzeichnete, befindet sich im Besitz der Autoren dieses Buches. Wörtlich lautet es folgendermaßen:

TREUE-URKUNDE

In La Paz, im Büro der Abtl. II EMGE, erschienen am 12. Februar 1980 die Herren CNL. DAEN. LUIS ARCE GÓMEZ, Chef der Abtl. II EMGE, und KLAUS ALTMANN HANSEN, um das im Folgenden im Einzelnen dargelegte Treueabkommen zu schließen:

I. Ich, KLAUS ALTMANN HANSEN, verpflichte mich, der bolivianischen Armee auf geheimdienstlichem Gebiet bedingungslos zu Diensten zu sein.

II. Ebenso verpflichte ich mich, direkt an Planungen und Operationen teilzunehmen, die die bolivianische Armee für erforderlich hält und bei denen meine aktive Teilnahme vonnöten ist.

III. Ich verpflichte mich, über alles, was getan wird, existiert, mir zur Kenntnis gelangt oder woran ich teilnehme, zu schweigen und biete als Garantie dafür mein Leben.

IV. Ich, CNL. DAEN. LUIS ARCE GÓMEZ, verleihe im Namen der Nationalen Armee und kraft meiner Befugnisse mit dem Einverständnis meiner Vorgesetzten Herrn KLAUS ALTMANN HANSEN den Grad eines Oberstleutnants ehrenhalber.

V. Die Bolivianische Armee garantiert seine Aktivitäten im Lande gemäß dem ihm verliehenen Dienstgrad, und das Oberkommando der Armee wird seinen Platz in der Hierarchie anerkennen.

Zum Zeichen gegenseitiger Treue und für die genannten Zwecke unterzeichnen beide dieses Dokument.

La Paz, den 12. Februar 1980

(Unterschrift)   (Unterschrift)

CNL. DAEN. Luís Arce Gómez   Sr. Klaus Altmann Hansen
Chef der Abteilung II EMGE   Oberstleutnant ad honorem

Zwischen beiden Unterschriften befindet sich ein kreisförmiger Stempel mit der Aufschrift: Oberkommando der Armee-Abtl. II – Geheimdienst – Bolivien

Die Autoren dieses Buches besitzen nicht etwa eine Fotokopie, sondern das Original des Schriftstücks, mit den Un-

153

terschriften der beiden Verfasser dieser seltsamen «Treue-Urkunde».

Um die Bedeutung des Dokuments wirklich zu verstehen, muß man es Absatz für Absatz und beinahe Wort für Wort analysieren.

Im Absatz I. fällt die Formulierung «bedingungslos zu Diensten» ins Auge. Was heißt in diesem Kontext, unter einer grausamen Militärdiktatur, «bedingungslos»? Es handelt sich hier nicht um Beratung und dergleichen. Es geht darum, ohne jede Bedingungen und ohne irgendwelche Ausnahmen für den Geheimdienstchef der bolivianischen Armee zu arbeiten. Wir wissen, daß der militärische Geheimdienst Kenntnisse über den «Feind» sucht, und der ist in diesem Falle keine – oder nicht nur eine – ausländische Macht, sondern der sogenannte innere Feind: die Revolutionäre, die Linken.

«Bedingungslos zu Diensten» zu sein bedeutet Teilnahme an Eingriffen in den Briefverkehr, Wohnungsdurchsuchungen, Abhören von Telefongesprächen oder Vernehmung von Gefangenen. Und die Verhörtechniken des Herrn «Altmann» während seiner Karriere als Gestapo-Chef von Lyon sind uns hinlänglich bekannt.

Als sei die Sache noch nicht ganz klar, verpflichtet sich «Altmann» im Absatz II. zur «direkten Beteiligung an Planungen und Operationen [...], die meine aktive Beteiligung erfordern». Das heißt, es wird nicht nur geplant, sondern auch agiert. Und hier geht es um den militärischen Geheimdienst, um ein Amt, dessen Mitarbeiter stets mit Schußwaffen herumlaufen und Erlaubnis haben, diese zu benutzen.

Wir dürfen nicht vergessen, daß Arce Gómez unter Diktator Garcia Meza Innenminister war und seine unverhohlene Teilnahme am Drogenhandel ihm den Spitznamen «Kokain-Minister» eingebracht hatte. Und das war die Person, der gegenüber «Altmann» sich verpflichtete, ihr «bedingungslos» zu dienen und sich «aktiv zu beteiligen»!

Wie delikat die Operationen eingeschätzt wurden, an denen der Nazi teilzunehmen gedachte, zeigte, daß er seinem militärischen Vorgesetzten im Absatz III. das Recht ein-

154

räumte, ihn hinzurichten, sollte irgendein Detail über die Geheimdienstaktionen durch ihn an die Öffentlichkeit dringen.

Im Absatz IV. folgt dann die Belohnung. «Don Klaus» erhält den Grad eines Oberstleutnants der bolivianischen Armee «ehrenhalber». Er ist kein einfacher Mitarbeiter, kein ausländischer Berater mehr: Er wird Offizier im aktiven Dienst und bekommt das Recht, seinen Untergebenen, Unteroffizieren und Mannschaften, Befehle zu erteilen. Und der Zusatz «ehrenhalber» bedeutet bei weitem nicht, daß es sich hier nur um eine Formsache handelte: Barbie besaß einen Militärausweis mit seinem Foto, auf dem er die Uniform der Armee trug. Neben seinem Dienstgrad gab das Dokument Auskunft über seine Blutgruppe und trug seinen Fingerabdruck. Er war, mit einem Wort, ein hoher Offizier der bolivianischen Armee.

Auch bei Absatz V. muß man genau auf die Formulierungen achten. Die Armee «garantiert seine Aktivitäten im Lande», nicht weniger. Es wird nicht exakt gesagt, worum es sich handelt. Herr «Altmann» bekommt grünes Licht. Dabei wird er von der Armee unterstützt, ganz gleich, was er tut. Hinter «Aktivitäten» kann sich vieles verstecken: Handel mit Waffen oder Drogen, ungesetzliche Geschäfte, Spionage, Mord. Herr «Altmann» hat dieses oder jenes Verbrechen begangen? Macht nichts. Niemand hat ein Recht, seine Taten anzuzweifeln. Die Armee «garantiert seine Aktivitäten». Und um das Bild zu vervollständigen, «wird das Oberkommando seinen Platz in der Hierarchie anerkennen».

Obwohl der Beweis für die engen Beziehungen zwischen Altmann-Barbie und hohen Armee-Offizieren erst aus dem Jahre 1980 stammt, diente er den Militärs schon viel früher. So zum Beispiel, als er im April 1967, Tage nach dem ersten Zusammenstoß zwischen einer Militärpatrouille und einer Gruppe bewaffneter Männer, in seiner Eigenschaft als Militärberater des Präsidenten René Barrientos für vierundzwanzig Stunden nach Camirí reiste.

Als Experte für Aufstandsbekämpfung studierte er die Lage um Camirí und kehrte dann in die Hauptstadt zurück, um dem Regierungschef einige Veränderungen in der militärischen Befehlssphäre und in den Techniken zur Vernichtung der Aufständischen vorzuschlagen. Ebenso beriet er den Präsidenten heimlich während der Kämpfe zwischen der bolivianischen Armee und der Guerilla Che Guevaras.

Die Verbrechen, die zu Zeiten der bolivianischen Guerilla begangen wurden, sind ebenso monströs wie die, die Barbie in Lyon beging. Durch Folterungen erpreßte Geständnisse, Bombardierung von Ortschaften, Angriffe auf Bergarbeitersiedlungen ähneln den Maßnahmen, die bei der Besetzung französischer oder polnischer Dörfer getroffen wurden. Der Genickschuß zur Tötung von Häftlingen ist zweifellos die deutlichste Spur, die der Verbrecher hinterlassen hat. Trotz der bewegten politischen Geschichte des Landes waren solche Methoden niemals zuvor in Bolivien angewandt worden.

Der vernichtendste Beweis dafür sind die übereinstimmenden Aussagen der Völker, daß die von den USA rekrutierten ehemaligen SS-Leute – ob sie nun zeitweilig «auf Eis gelegt» wurden oder nicht –, die den Militärdiktaturen dienten und dienen, die furchterregendsten Henker ihrer Geschichte sind.

Brasilien, Paraguay, Bolivien, Argentinien und Chile – um nur einige von ihnen zu nennen – erlebten die Greuel einer von Hitlers Schergen angeheizten brutalen Unterdrückung. Natürlich versichern die Imperialisten, es existierten dafür «in den CIA-Archiven keine Angaben» – so, wie es Allan Ryan in seinem Untersuchungsbericht über die Beziehungen zwischen der US-Regierung und dem Kriegsverbrecher Klaus Barbie tat. Er gibt zwar zu, dieser habe vier Jahre lang für das CIC gearbeitet, macht sich aber nicht die Mühe, darauf hinzuweisen, daß die Entlohnung für Barbie und viele andere, ebenfalls von den amerikanischen Militärbehörden angestellte Kriegsverbrecher den amerikanischen Steuerzahlern aus den Taschen gezogen wurde.

Einer der unmittelbaren Zeugen der Aktivitäten Barbies in Bolivien ist sein Sekretär und Leibwächter Alvaro de Castro. Bei Aussagen im Innenministerium unter dem Präsidenten Hernán Siles Zuazo gab er zu Protokoll:

«Später bat er mich, wie aus dem erwähnten Brief hervorgeht, zum damaligen stellvertretenden Staatssekretär für Inneres, Herrn Freddy Vargas, zu gehen, der mir die nötigen Spesen für die Reise nach Cochabamba geben sollte. Als ich dort ankam, erklärte er mir, er sei mit einer Arbeit beauftragt worden, die sich ‹Außendienst› nannte und bei der eine Liste politischer Persönlichkeiten aus aller Welt aufzustellen sei. Da diese Aufgabe für die damalige Regierung [1973, Diktator Hugo Banzer] anscheinend nicht sehr nützlich war, wurde beschlossen, sie zu unterbrechen, und Altmann sagte, wir müßten wieder nach La Paz zurückkehren. Dort fertigten wir Berichte über die Tätigkeit von Beamten und Technikern und über die in Bolivien akkreditierten verschiedenen diplomatischen Vertretungen sozialistischer Länder an.»

Die Reisen, die Barbie alias Altmann unternahm, nachdem er in seiner Eigenschaft als Geschäftsführer der Scheingesellschaft Transmarítima Boliviana A.G. einen Diplomatenpaß erhalten hatte, standen stets im Zusammenhang mit der faschistischen Konspiration in Amerika. Im Februar 1974 reiste er zu einer sehr wichtigen Zusammenkunft nach Paraguay. In einem Brief an Alvaro de Castro schrieb er damals:

«Nun ja, es stimmt, am 7. dieses Monats reiste ich nach Asunción, auf persönliche und spezielle Einladung meines Freundes und Kriegskameraden, unseres obersten Helden Oberst Hans U. Rudel, des berühmten Stukafliegers. Ich selbst hatte nicht mit dieser Reise gerechnet, aber er wollte mich sehen und übernahm alle Kosten für die Reise, das Hotel und so weiter. Eine schöne Reise, nette Leute, sehr angenehme Tage für mich. Leider wurde ich von Journalisten gesehen – mein Gesicht ist wirklich weltbekannt – und daher die Nachricht.»

Simon Wiesenthal, der in Wien lebende Nazifänger, glaubt, daß Rudel vor seinem Tod im Jahre 1982 Barbie mit europäischen Waffenfabrikanten in Kontakt brachte. «Rudel war Repräsentant einer Reihe von Firmen der deutschen Schwerindustrie, die an Experten interessiert waren ... Barbie konnte den bolivianischen Militärs helfen, mittels Provisionen und anderer ungesetzlicher Praktiken an diesen Waffengeschäften zu verdienen. Die Militärs konnten sicher sein, daß Barbie Stillschweigen wahrte, weil seine Sicherheit in ihren Händen lag.»

Hans Ulrich Rudel, ein ehemaliger Luftwaffenoberst und berühmtes «Flieger-As» im Zweiten Weltkrieg, soll einen wichtigen Posten im «Kameradenhilfswerk» innegehabt haben – einem Netz für die gegenseitige Hilfe von Nazis und Kriegsverbrechern. Im Exil stellte er feste, freundschaftliche Beziehungen zu Diktator Stroessner her. Seine Taten als Flieger erleichterten ihm die Kontakte zu Militärs in Europa und Südamerika.

Man könnte doch fragen, was Barbie wirklich mit seinem «Freund und Kriegskameraden, dem berühmten Stuka-Flieger», beredete? Derartige Zusammenkünfte beunruhigten die amerikanischen Behörden nicht. Aber für die Lateinamerikaner waren sie eine Gefahr. Die Faschisten werden nie aufhören, Feinde der Völker und der Demokratie zu sein. Die Bande zwischen Altmann-Barbie und den Nazigruppen in Südamerika sind hinreichend erwiesen, trotz aller gegenteiligen Behauptungen Allan Ryans. Dessen infantile Argumente überraschten die Welt und die Steuerzahler seines Landes, die eine Erklärung dafür forderten, warum die USA Kriegsverbrecher protegieren.

Nicht nur in Paraguay knüpfte Altmann-Barbie wieder Kontakt zu alten Kameraden von der SS. Auch in anderen Ländern interessierte er sich für die winzige – aber gefährliche – einheimische Nazibewegung. Wir sind im Besitz eines pittoresken und ziemlich langen Briefes, der mit Briefkopf, Hakenkreuzen und goldenen Stempeln verziert ist und den wir vollständig wiedergeben, um zu beweisen, wie sehr die südamerikanischen Nazis Barbie als ihren Führer betrachteten.

Auf dem Briefkopf prangt eine rote Fahne mit einem Hakenkreuz im weißen Kreis. Auf einer Seite ist zu lesen: Mitglieder der World Union of National Socialists, W.U.N.S., Carta Villa Ballester, C.V.B. Rechts von dem Hakenkreuz steht: Sektion CEDADE, Ekuador, Postschließfach 7 018, Quito, Ekuador, Südamerika. Ein breiter Querstreifen vervollständigt die Identifikation: EKUATORIANISCHE NATIONALSOZIALISTISCHE BEWEGUNG.

Der Brief ist datiert mit 5. Mai 1980 (der Absender hat, in der Art der Militärs, 05. Mai geschrieben) und gerichtet an: Herrn Don KLAUS ALTMANN, Postfach 5 758, La Paz, Republik Bolivien. Neben dem Datum vermerkt der Absender, daß er aus Quito schreibt, und fügt ein Zeichen hinzu, das annehmen läßt, daß es sich hier nur um ein Exemplar aus einer reichhaltigen Korrespondenz handelt: REF.: MNSE-046/80. Der Text des langen Schreibens lautet folgendermaßen:

Werter Kamerad:

Hiermit grüße ich Sie im Namen der Vertretung von CEDADE und der WUNS von Ekuador. Ich unterstelle Ihrem Befehl den Überbringer dieses Schreibens, Kamerad PABLO HERVAS CHIRIBOGA, der den von WUNS in Arlington, Va, USA verliehenen paramilitärischen Rang eines «Sargent» innehat.

Der Kamerad wird identifiziert durch einen «Ausweis», der vom chilenischen Kameraden Franz Pfeiffer Richter, Abgesandter der WUNS für Spanisch-Amerika, ausgestellt und links vom Unterzeichner unterschrieben wurde. Der Betreffende ist seit Ende Oktober 1978 [89] Mitglied der Ekuatorianischen Nationalsozialistischen Bewegung. Was sein praktisches Tun betrifft, so hat er ein «Betriebskomitee» in der Fabrik einer jüdischen Gesellschaft namens «UNIWELD ANDINA S. A.» gegründet, deren «Persönlichkeiten» sich in ihrem verkrampften [sic] Glauben an den Zionismus von Kamerad Hervas ertappt sahen, und begonnen haben, ihn und auch seine Mitarbeiter zu verdächtigen. Sie machten ihm in seiner Arbeit Schwierigkeiten und wollten ihn und andere Mitglieder von CAUSA [Vereinigte Antikommunistische Konföderation Amerikanischer Gesellschaften] wegen des Kameraden Hervas entlassen. Nachdem ich konsultiert wurde, habe ich in meiner Eigenschaft als Kommandeur die Gründung einer solchen Gewerkschaft unterstützt und darauf geachtet, daß sie nicht bolschewistisch wird, – was auch erreicht wurde, das heißt, sie blieb unanfällig für jeden subversiven Versuch; daher traf der Judas, der Geschäftsführer der Fabrik, einschüchternde und Strafmaßnahmen gegen den «Aktivisten», also gegen Pablo und verbaute ihm cuasi [sic] alle Möglichkeiten, in anderen Fabriken des Landes Arbeit zu finden. Nun ging der genannte Kamerad in die Fabrik seines Schwagers, aber leider ist ja die Arbeit unter «Gevattern» – also Verwandten – das Schlimmste, was man sich vorstellen kann; daraufhin nahm ich ihn zu mir als Mitarbeiter bei der ersten Ausgabe der Zeitung Nr. 1 der MNSE. Ich lege einige Exemplare für Sie und die dortigen Kameraden bei. Es wurde beschlossen, ihn nach Bolivien zu schicken, in der Hoffnung, daß man dem Kameraden PABLO HERVAS CHIRIBOGA eine Arbeitsmöglichkeit gibt, entweder in irgendeinem Betrieb, den Sie kennen und für den Sie ihn empfehlen können, oder sonst in einem Ihrer Betriebe, falls Sie welche haben. Um diese Hilfe bitte ich Sie, als ginge es um mich. Und ich danke Ihnen im voraus. Wir haben ein großes finanzielles Opfer gebracht, damit der genannte Kamerad in jenes Land reisen kann, und zwar zu den folgenden Zwecken:

1. SICHERE ANSTELLUNG UND MITARBEIT: Das heißt, es wäre gerecht und notwendig, daß man ihm eine Anstellung verschafft – diejenige, die Sie für geeignet halten. Verzeihen Sie die Unannehmlichkeiten, aber Pablo ist verantwortlich für seine Taten, und er ist eine Person guter Abstammung. Er will sich vor und neben einem geistigen Führer, wie Sie es in diesem Fall sind, als Mann der Arbeit verwirklichen.

2. BASISAUSBILDUNG IN GUERILLAKRIEG: Das bedeutet, das andere wesentliche und neuralgische Ziel besteht darin, ihn in Taktiken des Kampfes in Stadt und Land auszubilden. Wir sind daran interessiert, hier in Ekuador einen paramilitärischen Ausbilder zu haben, so daß wir in Ekuador die erste auf Guerillakrieg im Lande spezialisierte paramilitärische Gruppe werden. Bitte helfen Sie uns in diesen beiden Angelegenheiten, wenn möglich, innerhalb von zwei Jahren. Sehen Sie, Kamerad Altmann, was das beste ist.

Ich meine, zunächst wäre es angebracht, den Kameraden zu disziplinieren, das heißt, ihn einer strengen Disziplin zu unterwerfen – weil er sich als Nationalsozialist verwirklichen will. Er ist ein Junge mit edlen Idealen und guten Absichten, weswegen dies eine Garantie in seinem Leben bedeutet.

Vor allem fühlte sich der Junge angezogen von der edlen Sache des Nationalsozialismus, als Kamerad José Martinez Mendoza hier in Ekuador war, um Mitglieder zu werben; und Pablo ist einer der Besten, die wir für die Ideale unseres «FÜHRER» gewonnen haben. Er fühlt sich völlig eins mit der Doktrin, von der wir hoffen, daß sie in dieser korrupten Welt voller Marxisten, Degenerierten und Juden wieder Realität wird.

Nun Kamerad, in der Hoffnung, daß dieser Brief angemessen aufgenommen wird, und bitte: d-i-s-z-i-p-l-i-n-i-e-r-e-n Sie den Kameraden Hervas; ich verabschiede mich mit erhobenem Arm und dem Ruf:

HEIL HITLER!

SIEG ODER TOD!

(Unleserliche Unterschrift)

CARLOS CORNEJO BAQUERO
Kommandeur der Abteilung «General Gabriel Garcia M.»
Mitglied des M.N.S.E., Zelle Alpha
Provinz Pichincha
Ekuador

Wir haben diesen langen Brief möglichst wortgetreu wiedergegeben. Unter der Unterschrift prangt ein riesiger vergoldeter Reliefstempel mit folgendem Text: EHRE HEISST TREUE, SIEG ODER TOD!

Als handle es sich um eine gewöhnliche Geschäftskorrespondenz, trägt das Schreiben am unteren linken Rand die Notiz: «oc.file.- Anlage: Bulletins MNSE». Auf den Platz, der unter dem Text verblieben war, schrieb Altmann-Barbie mit der Maschine folgendes:

Werter Alvaro: Ich schicke Dir die Zeilen zurück und rate Dir, den betreffenden Fall zu klären oder, besser gesagt, herauszufinden, ob die genannte Person in La Paz eingetroffen ist. Ich hoffe, Ende dieses Monats bei Dir zu sein, vorausgesetzt, meine durch die Krankheit meiner Frau entstandene persönliche Lage hat sich geregelt.

Tausend Dank und chau, Alter!

Dein ewiger Freund.

Es folgt die unverwechselbare Unterschrift von Altmann-Barbie.

Wie man sieht, sah seine Situation in Bolivien so aus, daß er jungen, aus anderen Ländern gekommenen Nazis nicht nur Arbeit, sondern auch militärische Ausbildung geben und sie dadurch befähigen konnte, nach der Rückkehr in ihre Heimat paramilitärische Gruppen anzuführen.

Alvaro de Castro unterhielt eine umfangreiche Korrespondenz mit seinem Chef. Am 9. Mai 1974 erhielt er einen melodramatischen Brief, in dessen wichtigem Teil es hieß:

«An einem Tag wie diesem, vor neunundzwanzig Jahren, unterzeichnete Deutschland seine bedingungslose Kapitulation, und mit diesem Tag änderte sich mein Leben radikal. Ich wurde ein Bettler und verlor alle Rechte eines freien Mannes: meine Heimat, meinen Besitz und alles, was im Leben von Wert ist; nicht einmal meinem ärgsten Feind wünsche ich meine Leiden, aber ich mußte der Realität und ihren Folgen ins Auge sehen – bis auf den heutigen Tag. Was mir jedoch große Befriedigung verschaffte, ist die Tatsache, daß ich trotz allem meine Familie retten und dank Boliviens meine Kinder erziehen konnte. Aus diesem Grund verdient dieses Land meine Achtung und Verehrung.– obwohl die letzten beiden Jahre für mich nicht so angenehm waren, aber wie wir sehen, gibt es Chancen, daß dieses Martyrium bald endet. Eine weitere Genugtuung: der Sturz von Brandt oder Frahm. Hatte ich recht oder nicht? Ein Verräter bleibt immer ein Verräter, und er ist gestürzt wie ein Verräter. Ich hoffe, daß der Spion Guillaume bald die ganze Wahrheit sagt, denn dieser Mann war in Wirklichkeit Brandts ‹Chef›. Dieser Herr befahl ihm seine ‹Ostpolitik›, das heißt, den Ausverkauf eines Drittels meiner Heimat an die Kommunisten. Hoffentlich landet der Kerl zusammen mit anderen im Gefängnis, oder jemand hat die Kugel, die er verdient, bereit ...»

Die Kugel, der Mord: Das war die Lösung, die der Kriegsverbrecher für alle Probleme sah. In dem Brief bezieht er sich auf den Skandal, der in der BRD ausgelöst wurde, als bekannt wurde, daß der Sekretär des Bundeskanzlers Brandt (dessen wirklicher Name tatsächlich Frahm ist), ein gewisser

Guillaume, in Wirklichkeit ein Kundschafter der Deutschen Demokratischen Republik war.

Der ehemalige Gestapo-Chef von Lyon bereitete nicht nur Staatsstreiche, Morde, Massaker, Folterungen, Drogentransporte und dergleichen vor. Seine starke Seite war das Waffengeschäft, ein leichtes Unterfangen angesichts seiner Freundschaft zu den höchsten Militärkreisen. Mit dem «Strohmann» Alvaro de Castro kaufte er, angeblich für die bolivianische Armee, ausgesuchte Waffen, die auf nie geklärten Wegen in die Hände der Drogenschmuggler gelangten.

Die österreichische Firma Steyr-Daimler-Puch verlangte eine schriftliche Garantie dafür, daß die Waffen tatsächlich in die Hände der Streitkräfte gelangen würden. Abteilung IV des Generalstabs der Armee lieferte über den Mittelsmann Altmann-Barbie das gewünschte Dokument auf Kopfbogen des Generalstabs und Stempel unter dem Datum vom 22. Juni 1982. In ihm wurde garantiert, die anschließend aufgezählten «Waren» würden einzig und allein «für die Verteidigung des Nationalen Territoriums Boliviens» benutzt und auf keinen Fall an Dritte weitergegeben werden, jedenfalls nicht ohne vorherige «schriftliche Genehmigung der Firma Steyr-Daimler-Puch A.G.».

Die Aufzählung sieht folgendermaßen aus:

30 Panzer Marke STEYR K-105 «Kürassier» [sic], vollständig mit Radio, Laser, und jeweils 3 STEYR AUG. Kal. 5,56 mm und einem Maschinengewehr Kal. 7,62 mm

1 STEYR-Wagen «GREIF» mit Radio, 4 STEYR Aug Kal. 5,56 mm

1 Maschinengewehr Kal. 7,62 mm und

1 Maschinengewehr Kal. 12,7 mm

10 000 Sturmgewehre STEYR AUG Kal. 5,56 mm mit jeweils drei auswechselbaren Läufen

2 100 Schuß Munition Kal. 105 mm

120 Rauchbomben Kal. 81 mm

10 000 000 Hirsenberger Munition Kal. 5,56 mm

Ersatzteile und Zubehör

Werkzeuge

Lehrmaterial

Dokumentation

Nicht alle Aktivitäten Altmann-Barbies wickelten sich so leicht und so reibungslos ab. Einmal hatte er in Cochabamba eine Auseinandersetzung mit dem achtzigjährigen Juden Gustav Stier, der 1938 nach Bolivien eingewandert war. Seine Mutter und seine Geschwister waren in den Vernichtungslagern umgekommen. Eines Tages trank der alte Mann wie gewohnt seinen Morgenkaffee im Café Continental auf dem blumen- und palmenbestandenen Hauptplatz von Cochabamba, als «Altmann» und dessen Frau hereinkamen.

Nach den Worten des Schriftstellers, der Stiers Aussage aufnahm, zitterte der Greis wieder, als er die Geschichte erzählte: «Ich fragte den Freund, der bei mir war: ‹Kennen Sie den?› Ängstlich flüsterte er mir zu: ‹Vorsicht, er kann uns hören.› – ‹Haben Sie Angst vor diesem Mörder?› fragte ich. Die Frau hörte alles, was ich sagte. Wenig später kam eine Bekannte, und am ganzen Leib zitternd zeigte ich ihr den Mann und sagte: ‹Das ist der Mörder von Lyon!›

Er setzte den Hut auf, als wolle er gehen, und ich stand auf. Meine Freunde fragten: ‹Was haben Sie vor? Der kann Sie umbringen.›»

Offensichtlich erinnerte sich Barbie alias Altmann des Zwischenfalls, als er wenige Tage später den alten Herrn Stier vor der Post traf. Stier zufolge hatte der Nazi Angst, das Postamt zu betreten, und schickte seinen Leibwächter vor, die Briefe abzuholen. Da zeigte Stier quer über die Straße hinweg mit dem Finger auf ihn und sagte zu einem ihn begleitenden Freund: «Kennen Sie den?»

Barbie alias Altmann überquerte die Straße und schrie Stier auf deutsch an: «Wissen Sie nicht, daß man nicht mit dem Finger auf einen Menschen zeigt?»

Stier antwortete: «Aber auf so einen Bluthund wie Sie kann man zeigen.»

Wütend brüllte Barbie: «Ich könnte Ihnen ins Gesicht schlagen!»

Der Leibwächter kam mit der Post zurück und sah von einem zum anderen. Er verstand kein Wort Deutsch. Voller Ironie fragte der Greis: «Sie geben keine Genickschüsse mehr?»

Der Nazi ging wortlos weg. Von da an wechselte er die Straßenseite, wenn er den alten Juden kommen sah. Dieser sagte, voller Empörung zitternd, zu dem Mann, der ihn interviewte: «In der Bibel gibt es einen wichtigen Satz: Möge sein Name vergessen sein.»

Doch solche kleinen Unannehmlichkeiten behinderten das ruhige Leben des Kriegsverbrechers nicht. Seiner Vergangenheit und seiner Ideologie schwor er niemals ab. Die größte bürgerliche Illustrierte Zeitschrift Frankreichs, «Paris Match», vom 12. Mai 1973 zitiert ihn folgendermaßen: «Wissen Sie, was ein SS-Mann ist? Ein Übermensch. Er ist ein von Hitler persönlich ausgewählter Profi. Ein Kämpfer, dessen vier Generationen von Vorfahren analysiert wurden, ehe man ihm die Ehre erwies, ihn in das bewaffnete Korps aufzunehmen. Glauben Sie, jeder Idiot könne SS-Mann werden? Ich mußte Jura und Philosophie studieren ... ich bin kein Fanatiker. Höchstens ein Idealist.

Ich bin ein nationalsozialistischer Veteran. 1951, als ich nach Bolivien kam, beobachtete ich ein sehr erbauliches Schauspiel: einen Aufmarsch der Bolivianischen Sozialistischen Falange. Sie marschierten in faschistischen Uniformen und sangen. Es tat mir sehr gut, das zu sehen.»

Weniger gut tat ihm sicher ein Zwischenfall, zu dem es 1966 kam, als er Berater der Regierung war und die ganze Überheblichkeit eines Gestapo-Chefs wiedergewonnen hatte. Während eines Galaessens im Deutschen Klub von La Paz brachte der Botschafter der Bundesrepublik Deutschland, Dr. Metz, einen Toast auf das Gedeihen seines Landes aus. Altmann-Barbie sprang auf, hob den rechten Arm, schlug die Hacken zusammen und schrie: «Heil Hitler!»

Der ehrlich erschrockene Botschafter forderte, den Provokateur auf der Stelle aus dem Saal zu entfernen. Während drei Kellner ihn hinausbrachten, schrie er mit drohender Stimme: «Sie Schwein von einem Botschafter! Ich war Gestapo-Offizier. Wenn wir die Macht zurückerobern, werde ich mich um Sie kümmern ...» Er wurde in aller Form aus dem Klub ausgeschlossen, aber wenige Jahre später, unter der Regierung Banzer, wiederaufgenommen.

In seinem krankhaften Haß auf Juden und Kommunisten machte Barbie nicht einmal vor seinen eigenen Landsleuten halt. Einer von ihnen, Hans Ertl, hatte ihm die erste Anstellung im Sägewerk des jüdischen Einwanderers Ludwig Kapauner besorgt. Die Jahre vergingen, und Mónica, eine Tochter Ertls, schloß sich der Nationalen Befreiungsarmee (ELN) an, für die sie im In- und Ausland arbeitete. Am 1. April 1971 erschoß sie den bolivianischen Konsul in Hamburg, Roberto (Toto) Quintanilla, Polizeioberst und mit Sicherheit der direkte Verantwortliche für den Tod von Inti Peredo, einem Überlebenden der Guerilla des Che und Chef der ELN.

«Imilla» oder «La Imi», wie Mónica Ertl in der ELN genannt wurde, hatte Inti bewundert und geliebt und fühlte sich verpflichtet, seinen Tod zu rächen. Dafür hatte sie sowohl politische als auch persönliche Gründe.

Quintanillas Überreste wurden verbrannt, und seine Witwe begleitete die Urne mit seiner Asche am 9. April beim regulären Lufthansaflug Nr. 490. Als Ehrenwache für die Reste des ehemaligen Chefs der bolivianischen Sicherheitspolizei bot sich ein Deutscher an: Klaus-Georg «Altmann», der Sohn des Kriegsverbrechers Barbie.

Für ihre Rückkehr nach Bolivien nutzte Mónica Ertl die Feierlichkeiten zur Jahreswende 1971/72. In La Paz stellte sie Kontakt zum «dicken Carlos» her, einem argentinischen Revolutionär. Die ELN befand sich gerade im Prozeß der Auflösung. Ihre Führer hatten in Chile Asyl gesucht.

«La Imi» übernahm die Reaktivierung der Organisation und gab die illegale Zeitung «El Inti» heraus, die sie auch selbst druckte und verteilte. Sie wurde wegen «Mangels an ideologischer Festigkeit» kritisiert, aber immerhin blieb sie, in der schlimmsten Zeit der Banzer-Diktatur, an der Seite des Volkes. Sie war ein Beispiel an revolutionärem Mut, an völliger Hingabe an ihre Sache.

Die Aktivitäten und die Anwesenheit der «Imilla» in Bolivien in dieser Zeit der Gefahr bereitete den in Chile lebenden Revolutionären Sorgen. Bei einer Zusammenkunft in der Wohnung von Regis Debray wurde beschlossen, sie aufzusuchen und ihre gefahrlose Ausreise nach Chile zu organisieren. An dem Treffen beteiligten sich, außer dem Wohnungseigentümer und seiner Frau Elizabeth Burgos, auch Gustavo Sánchez, ein Kubaner namens Angel und der Venezolaner Pedro Duno. Die im Exil lebenden bolivianischen Führer der ELN waren nicht dabei.

Es wurden verschiedene Schritte unternommen, um für Mónica Papiere zu besorgen. Die Führung der ELN sagte ihre Unterstützung zu und versprach, in Lima, Peru, bei einem sorgfältig abgesicherten Treffen, einen Paß zu übergeben. Gustavo Sánchez wartete zwei Wochen in Lima und befolgte peinlich genau die vereinbarten Bedingungen, aber niemand kam.

In einer in Lima veröffentlichten, aber in La Paz verfaßten Meldung war von Kämpfen in Bolivien die Rede. Von Schnee bedeckt, der im bolivianischen Hochland im Juni fällt, hatte man in einem Stadtteil am Rande von La Paz die Leichen einer Frau und eines Mannes entdeckt. Es handelte sich um Mónica Ertl und «Javier», den Argentinier Carlos Ukaski, der die illegale Führung der ELN innegehabt hatte. Beide waren verhaftet, unter grauenerregenden Foltern verhört und dann durch Genickschüsse umgebracht worden.

Nach der Ermordung Mónicas wurde das Haus ihrer Eltern in der Sánchez-Lima-Straße in La Paz von den Sicherheitskräften beschlagnahmt. Tage danach machte Klaus Barbie aus dem Eigentum einer deutschen Familie ein «Sicherheitshaus», in dem er, laut Aussage seines Sekretärs Alvaro de Castro, eine eigene Folterkammer einrichtete.

Bolivien erlebte gerade die Banzer-Diktatur, und Herr «Altmann» war Sicherheitsberater des Präsidenten. Er lehrte seine Schüler, zu foltern, mit Genickschuß zu morden und paramilitärische Gruppen zu organisieren, die später solche blutigen Aufgaben übernehmen sollten.

1980, einem wichtigen Jahr für Bolivien, gab es Wahlen für die Exekutive und die Legislative. Das schien der beste Weg, die Demokratie zu festigen und neue Militärdiktaturen zu verhindern. Darin waren sich fast alle Bolivianer einig; Ausnahmen bildeten die kleinen Gruppen faschistischer Militärs und Zivilisten.

Zu denen, die das Wahlrecht ausüben wollten, gehörten Werktätige, Angehörige der Mittelschichten, fortschrittliche Privatunternehmer, patriotisch gesinnte Militärs und auch der Teil des Klerus, der «Dritte-Welt-Positionen» einnahm. Unter letzteren tat sich besonders der Jesuit Luis Espinal wegen der klaren Gedanken und der richtigen Worte hervor, mit denen er das Volk, von katholischen Sendern aus, im täglichen Kampf orientierte. Er war ein harter Kritiker der Tyrannen, ein Freund der Benachteiligten, ein Beispiel für die Gläubigen und ein guter Erzieher der Jugend. Sein Name stand ständig in den Listen der Geheimdienste von Armee und Polizei. Er wurde beschuldigt, Agitator, Anarchist oder Kommunist zu sein, ein Spion im Dienste einer ausländischen Macht oder einfach ein Gegner der Streitkräfte.

Eines Tages, in der ersten Märzhälfte, wurde gemeldet, Pater Espinal sei verschwunden. Stunden später hieß es, seine Leiche befände sich im Leichenschauhaus, und man habe sie an einem Hügel, einhundertfünfzig Meter von der Straße La Paz—Coroico entfernt, gefunden.

Er war brutal gefoltert worden: alle Gliedmaßen und die Rippen gebrochen, der ganze Körper zeigte Blutergüsse. An den Hoden fand man Spuren von Elektroschocks und brennenden Zigaretten. Durch vier Schüsse, von denen einer den Kopf getroffen hatte, war er schließlich getötet worden. Zehntausende begleiteten den von bolivianischen Journalisten getragenen Sarg mit den Überresten des Priesters zum Allgemeinen Friedhof.

Barbie hatte nach Aussagen von Mittätern an diesem Verbrechen empfohlen, man müsse «dem kommunistischen Priester geben, was er verdient», solle ihm jedoch «zuvor alle Informationen entreißen, die er über Extremisten und Feinde der Armee besitzt».

Die Armeeführung ließ verlauten, es gäbe drei Versionen über den Tod Espinals. Verkündet wurden sie durch die Abteilung Psychologische Operationen und konkret durch Rosario Poggi, Sekretär von Oberst Arce Gómez, und José Gregorio Loza, dessen Aussagen sich in unserem Besitz befinden und der, nebenbei gesagt, auch für Sektion II der Armee arbeitete:

1. Espinal hatte die Kommunisten verraten, und sie hatten das Verbrechen begangen.

2. Er besaß kompromittierendes Material über den Dro-

genhandel, und die Drogenhändler waren schuld an seinem Tod.

3. Er besaß Dokumente über den Putsch und wollte sie veröffentlichen.

Zutreffend ist wahrscheinlich die dritte Version. Aber Loza sagte aus: «Altmann wollte beweisen, daß die Armee nicht scherzte; man mußte die Kommunisten ausrotten.»

Die direkten Ausführenden des grauenhaften Verbrechens wurden unter Präsident Siles Zuazo inhaftiert, nach seiner Präsidentschaft aber von den Gerichten wieder freigelassen. Unter den seinerzeit Verhafteten befanden sich zivile Söldner (Deutsche, Argentinier, Italiener und Franzosen), die unter Befehl von «Don Klaus» gestanden hatten.

Bisher hatte sich niemand die Mühe gemacht, herauszufinden, was Klaus Barbie mehr als dreißig Jahre lang in Bolivien getrieben hat.

Es fehlt nicht an Stimmen, die etwa folgendes sagen: «Laßt ihn in Ruhe; er ist mehr als siebzig Jahre alt, und was er getan hat, tat er vor mehr als vier Jahrzehnten und im Kontext eines Krieges.» Aber dieses Argument ist falsch. Es stimmt, er hat während des Krieges gemordet, gefoltert und sogar Drei- und Vierjährige deportiert, im Bewußtsein dessen, daß sie die Gaskammern erwarteten. Aber das Bild eines Barbie, der die Schrecken des Krieges und die «Pflichten» eines Gestapo-Offiziers hinter sich gelassen hat, um in einem fernen Land ein neues Leben zu führen, seine Kinder aufzuziehen und in Frieden zu leben, ist absolut falsch.

Klaus Barbie gelangte nach Bolivien mit Hilfe der amerikanischen Militärbehörden, auf einem Weg, den seine eigenen Beschützer abfällig die Rattenroute nannten. Er kam ins ferne Bolivien und versteckte sich zehn Jahre lang in einer entlegenen Berggegend. Mitte der sechziger Jahre kehrte er zurück zu seiner alten Tätigkeit: der des Folterers, des Unterdrückers, des impertinenten Nazi.

Weit davon entfernt, sich als Geschäftsmann eine neue Existenz zu schaffen, seine Kinder aufwachsen zu sehen, seiner Familie eine solide finanzielle Basis zu erarbeiten und Prestige und Achtung in den sozialen Schichten zu erwerben, in denen er verkehrte, widmete Klaus Barbie seine hauptsächlichen Energien dem Verbrechen. Er raubte, er betrog – vergessen wir nicht sein Tun in der Transmarítima Boliviana –, er unterstützte faschistische Militärputsche, er verhalf dem notorischen Terroristen García Meza auf den Präsidentenstuhl, er organisierte die Mörderbande «Verlobte des Todes» mit internationalen, von INTERPOL und der Polizei vieler Länder gesuchten Verbrechern und Drogenhändlern, er führte die Praxis der Folter und des Genickschusses in Bolivien ein, hatte Beziehungen zu einem Kriegsverbrechernetz – Schwend in Peru, Rudel in Paraguay, Walter Rauff in Chile – und hörte nie auf, sich als das zu benehmen, was er ist: ein Verbrecher.

1983, als er aus Bolivien ausgewiesen wurde, gab es in Frankreich eine Umfrage, ob man die kurz zuvor abgeschaffte Todesstrafe einzig und allein für den Fall Barbie wieder einführen sollte. Achtundsechzig Prozent der Befragten bejahten dies. Leider ist eine solche Maßnahme rechtlich nicht möglich. Das Gesetz, ganz gleich, welches, kann nicht nur für einen individuellen Fall gelten: Vor dem Gesetz sind alle gleich.

Daraus ergibt sich, daß das härteste Urteil für Klaus Barbie die lebenslängliche Haft ist. Eine allzu leichte Strafe, wenn man an die Leiden denkt, die er Tausenden von Menschen zugefügt hat, an die Toten, Verletzten, Vestümmelten, an das Blut, die Tränen, die zerstörten Leben, die zugrunde gerichteten Familien, die in den Gaskammern umgekommenen Kinder. Und das betrifft nur sein Tun in Frankreich.

Niemand wird von ihm Rechenschaft verlangen für die verbrecherischen Taten, die er in Bolivien begangen hat, protegiert von seinen Freunden, den faschistischen Militärs und den Drogenhändlern.

Wir, die Autoren dieses Buches, sagen: NEIN! Nein zur Wiedergeburt des Faschismus! Nein zum falschen Mitleid mit den Nazi-Kriegsverbrechern! Die neofaschistischen Bewegungen in Italien und Spanien, die Neonazis in der Bundesrepublik Deutschland erfreuen sich einer unbegreiflichen Toleranz. Die Presse und die Behörden sagen mehr oder weniger: Laßt sie in Frieden, es sind nur ein paar Verrückte.

Aber auch Hitler begann seine politische Karriere im Kreise einiger weniger. In den zwanziger Jahren nahm ihn niemand ernst. Zwanzig Jahre später stürzte er die Welt in einen Krieg, der mehr Menschenleben forderte als alle Kriege, die die Menschheit zuvor erlebt hatte. Die dunkle Geschichte des Dritten Reiches verursacht bei jedem vernünftigen Menschen Schrecken und ein tiefes Gefühl des NIE WIEDER!

Nachwort

Die Tatsache, daß sich der Nazi und Kriegsverbrecher Klaus Barbie nach der Zerschlagung des Hitlerfaschismus noch zweiunddreißig Jahre in einem lateinamerikanischen Land aufhalten und dort sogar in faschistischer Manier tätig sein konnte, ist kein Einzelfall. Vor allem nach Argentinien, Bolivien, Brasilien, Chile, Paraguay und Peru zog es nach 1945 Kriegsverbrecher, hohe SS-Offiziere und faschistische Beamte, weil sie sich dort vor Entdeckung und Bestrafung sicher fühlten. Lateinamerika war ja für die deutschen Faschisten kein unbekannter, fremder Kontinent, sondern – im Gegenteil – ein wichtiges Ziel ihrer wirtschaftlichen, politischen und sogar militärischen Expansion gewesen. Grundlegende Forschungsergebnisse progressiver Geschichtsschreibung zu dieser Problematik liegen vor.[1] Diese Literatur bildete auch die Grundlage für die nachfolgende Darstellung.

Den deutschen Monopolen gelang es während der Hitlerherrschaft im Handel mit Mexiko, mit den Ländern Mittelamerikas, mit Ekuador, Venezuela, Kolumbien, Paraguay und Uruguay eine führende Position einzunehmen. Deutsche Kapitalanlagen in beträchtlicher Höhe konzentrierten sich auf Argentinien und Mexiko. Neben vielen wirtschaftlichen Einflußsphären mit deutscher Minderheitsbeteiligung vermochte der deutsche Imperialismus in der Zeit des Faschismus erstmalig, in einigen Wirtschaftszweigen die führende Stellung einzunehmen. Eines dieser Gebiete war der Luftverkehr. Aufgrund der großen Bedeutung des Flugbetriebes in Lateinamerika sicherte sich Hitlerdeutschland über seine Führung in der Luftverkehrstätigkeit wichtige Positionen in Wirtschaft, Propaganda und Militärwesen. Hand in Hand mit dem ökonomischen Vormarsch gingen die Bestrebungen Hitlerdeutschlands, die Politik einiger Staaten im Sinne des Nationalsozialismus zu beeinflussen und die Errichtung von reaktionären diktatorischen Regimes zu fördern.

Für die Durchsetzung der politischen Ziele Hitlerdeutschlands in Lateinamerika wurde vor allem in Argentinien, Brasilien und Chile die deutschstämmige Bevölkerung, die sogenannten Auslandsdeutschen, mobilisiert. Mit wirtschaftlichem und politischem Druck, mit subtilen oder brutalen Methoden sollten die vielen in diesen Ländern ansässigen Deutschen dazu gebracht werden, den Boden für einen lateinamerikanischen Faschismus zu bereiten. Diese offizielle, halblegale oder illegale deutsch-faschistische Auslandsarbeit stützte sich in den betroffenen Staaten auf die Institutionen der Nazipartei, den diplomatischen Apparat, angepaßte deutsche Wissenschaftler, Lehrer und Kirchenvertreter. Die zunehmende soziale Differenzierung der deutschen Auswanderer und ihrer Nachkommen in Lateinamerika hatte jedoch dazu geführt, daß sich viele von ihnen national integriert hatten. Sie widerstanden nicht nur den nazistischen Einflüssen, sondern kämpften zum Teil gegen den Faschismus und seine Ideologie.

Parallel zur «Nutzung der Auslandsdeutschen» strebten die deutschen Faschisten Bündnisse mit lateinamerikanischen Regierungen, Armeen und einheimischen faschistischen Bewegungen an. Besonders in Argentinien, Brasilien und Chile gelang es ihnen zeitweise, faschistische Entwicklungen zu fördern und politische Vorteile daraus zu ziehen. Mehrmals unterstützten deutsche Politiker in demagogischer Manier den Kampf der lateinamerikanischen Völker gegen den USA-Imperialismus, um so nationalistische Bewegungen vor den Karren der faschistischen Expansionspolitik in Lateinamerika spannen zu können.

Ein weiteres Feld der Einflußnahme Hitlerdeutschlands in Südamerika war das Militärwesen. Vor allem in Chile und Argentinien konnte man sich auf die deutschen Traditionen bei der Organisation, Ausrüstung und militärischen Propaganda im lateinamerikanischen Heereswesen stützen. Den blutigen Chacokrieg zwischen Paraguay und Bolivien, der vor dem Hintergrund widersprüchlicher Interessen rivalisierender Ölmonopole Großbritanniens und der USA geführt wurde, nutzten die deutschen Militärs, um sich auch in der bolivianischen Armee festzusetzen.

Neben der Vormachtstellung in den Landstreitkräften von Argentinien über Bolivien bis Mexiko erlangte Hitlerdeutschland in der Luftwaffe dieser Länder wachsendes Gewicht. Auf der Basis ihrer führenden Position in der zivilen Luftfahrt der lateinamerikanischen Länder wurden die deutschen Monopole auch in der militärischen Luftfahrt zu einer wachsenden Konkurrenz für die nordamerikanischen, englischen und französischen Rüstungsmonopole. In Bolivien errangen die Nazis sogar die maßgebliche Stellung im Luftwaffensektor.

Durch die großen internationalen Krisen von 1938, den Beginn des Zweiten Weltkrieges und vor allem durch den Überfall Hitlerdeutschlands auf die UdSSR verloren die deutschen Faschisten Ende der dreißiger, Anfang der vierziger Jahre einige wichtige politische und ökonomische Vorzugspositionen in Lateinamerika. Das resultierte einerseits aus der sprunghaft angewachsenen antifaschistischen Volksbewegung und andererseits aus dem spürbar energischeren Einschreiten der USA gegen die faschistische Gefahr in Süd- und Mittelamerika.

Die hitlerdeutsche Lateinamerikapolitik konzentrierte sich seitdem darauf, die erreichten politischen Positionen zu verteidigen und offensiv faschistische Propaganda zu betreiben. So wurden in Mexiko, Chile, Peru und Argentinien Zeitungen durch deutsche Gelder finanziert. Fast die gesamte Presse Boliviens wurde politisch-ideologisch unterwandert. Viele bolivianische Zeitungen wurden mit Hilfe der deutschen Gesandtschaft, durch die Beziehungen einer deutschbolivianischen Papierimportfirma und mit Geldspenden der Auslandsdeutschen in Bolivien «im deutschen Sinne» beeinflußt, das heißt mit Bestechungsgeldern profaschistisch ausgerichtet.

Umfangreiche Bemühungen zur ideologischen Diversion galten dem Rundfunksystem in Mittel- und Südamerika. Es gelang den deutschen Faschisten, bis 1942 auf siebenunddreißig Sendestationen in Brasilien, Bolivien, Chile, Uruguay und Peru getarnt Einfluß zu nehmen. Einer dieser Sender mit Namen «Radio Nacional» befand sich in La Paz (Bolivien), wo noch ein weiterer kleiner Sender stationiert war. Aus dem für 1942/43 zur Verfügung stehenden Geheimfonds in Höhe von zweihundertdreißigtausend Reichsmark für diese Unterwanderungsarbeit waren fünfunddreißigtausend Reichsmark für Bolivien vorgesehen. Die deutsche Gesandtschaft in Bolivien erhielt schließlich mit einer Summe von zweihunderttausend Bolívars für die Einflußnahme auf den bolivianischen Rundfunk einen noch weit höheren Fonds zur Verfügung. Ziel war die Übernahme des Senders «Radio Mundial» in La Paz, um dann in ganz Südamerika legal nazistische Nachrichten verbreiten zu können.

Der außergewöhnliche politische Spielraum für die deutschen Faschisten in Bolivien hatte seine Ursache in der brutalen Diktatur des Generals Enrique Peñaradą seit 1940. Er verkaufte die nationalen Reichtümer an die Monopolgruppen Patiño, Hochschild und Aramayo und ließ Aufstände der bolivianischen Werktätigen blutig unterdrücken. Die daraus resultierende, gegen die Vereinigten Staaten und gegen die einheimische Diktatur gerichtete Untergrundbewegung in Bolivien nutzten die Nazis für ihre Zwecke aus.

In Argentinien bemühten sie sich, die profaschistische Ausrichtung dieses Staates dadurch zu festigen, daß sie einen eigenen Rundfunksender installierten.

Ab 1940/41 häuften sich Berichte über Verschwörungen lateinamerikanischer Faschisten mit deutscher Unterstützung oder Verschwörungen der Auslandsorganisationen der NSDAP gegen lateinamerikanische Regierungen. In Chile, Uruguay und Argentinien wurden Putschversuche und Verschwörungen aufgedeckt und vereitelt. In Bolivien führte ein entdeckter, auf Putschabsichten hindeutender Brief der deutschen Gesandtschaft zu scharfen Reaktionen der bolivianischen Polizei gegen die dortige NSDAP-Auslandsorganisation.

Weder die veränderten Taktiken der Nazis noch ihre stark intensivierte Propagandatätigkeit in Lateinamerika konnten ihre Niederlage auch in diesem Teil der Welt abwenden.

Letzte verzweifelte Versuche für die Lateinamerikapolitiker und Propagandisten Hitlerdeutschlands, ihre Positionen zu bewahren, bestanden im Einschwenken auf die klerikale Linie des Vatikans und den Klerikalfaschismus Franco-Spaniens sowie in der Unterstützung der argentinischen Neutralität. Deutsche Monopole und Geschäftsleute bereiteten sich auf das drohende Ende der faschistischen Herrschaft in Deutschland vor, indem sie das Vermögen ihrer Gesellschaften formal als Eigentum nationalen Firmen oder Firmen anderer Staaten überschrieben.

Schon kurz nach der Niederlage des Faschismus in Deutschland besannen sich etliche gestürzte Nazigrößen auf jene lateinamerikanischen Länder, wo sie, bedingt durch historische Gegebenheiten und innenpolitische Entwicklungen, Unterschlupf und Betätigungsmöglichkeiten finden würden. Bolivien war einer dieser südamerikanischen Staaten, von denen flüchtende Kriegsverbrecher wie Barbie und deren geheimdienstliche Hintermänner annehmen konnten, deutsche Faschisten seien hier in relativ großer Sicherheit.

Aus dem geringen Entwicklungsstand der Arbeiterklasse und der relativen Stärke der kleinbürgerlichen Kräfte resultierte in Bolivien eine organisatorische Schwäche der Werktätigen. Als Barbie mit seiner Familie unter falschem Namen im Jahre 1951 in Bolivien eintraf, wurde gerade durch eine Militärjunta unter General H. Ballivián dem in einer Wahl zum Ausdruck gekommenen Volkswillen grob zuwidergehandelt.

In einer abgelegenen ländlichen Gegend mußte Barbie besorgt verfolgen, wie sich aus dem daraus resultierenden Volkszorn eine bürgerlich-demokratische Revolution entwickelte. Ein bewaffneter Volksaufstand stürzte die reaktionäre Militärdiktatur und leitete eine demokratische Entwicklung ein. In Bolivien existierte zwar eine kommunistische Partei, aber diese überwand den traditionell starken Einfluß anarchistischer und anarchosyndikalistischer Kräfte nicht. Dadurch konnte die Arbeiterklasse ihre führende Rolle in der Revolution nicht verwirklichen, und es setzte sich eine bürgerliche «Lösung» durch. Dies bezog sich sowohl auf das innere Verhältnis der Klassenkräfte als auch auf die Einwirkung des Imperialismus von außen. Auf dem Lande wurden die Großgrundbesitzer vertrieben, aber die Bodenreform beschränkte sich auf die Landverteilung; sie führte kaum zur Entwicklung der Produktivkräfte auf dem Lande. Die großen Zinnmonopole wurden nationalisiert, doch die nationale Bourgeoisie war nicht in der Lage, ihren Führungsanspruch in der bolivianischen bürgerlich-demokratischen Revolution seit 1952 zu realisieren, und so setzten 1956 erneut krisenhafte Erscheinungen in Wirtschaft und Politik Boliviens ein. Diktatorische Regierungsformen, ein Staatsstreich und wieder eine rechtsgerichtete Regierung kennzeichneten die innenpolitische Entwicklung Boliviens bis in die sechziger Jahre hinein. Unter der Präsidentschaft des früheren Putschisten General René Barrientos Ortuno sollten die Reste der 1952 eingeleiteten bürgerlich-demokratischen Revolution völlig beseitigt werden. Es war dies die Zeit der Rückkehr des deutschen Faschisten und Kriegsverbrechers Klaus Barbie alias Altmann ins öffentliche Leben, indem er Barrientos als Berater für paramilitärische Banden und als Geschäftsführer eines staatlichen Unternehmens diente.

Die bolivianischen Zinnminen sollten schrittweise reprivatisiert und das traditionelle System der Ausbeutung und Beherrschung der bolivianischen Werktätigen durch den Imperialismus und der eng mit ihm verbundenen Oligarchie Boliviens wiederhergestellt werden. Diese politische Orientierung stieß in dem Land, das unter den lateinamerikanischen Staaten ohnehin mit den niedrigsten Entwicklungsstand der kapitalistischen Produktionsweise und die rückständigsten Verhältnisse in der Landwirtschaft aufweist, auf den erbitterten Widerstand der fortschrittlichen Kräfte. In der zweiten Hälfte der sechziger Jahre nahmen Guerilleros den bewaffneten Kampf gegen die volksfeindlichen Pläne der Regierung Barrientos auf. Der Nazi Altmann-Barbie zählte als militärischer Berater der Regierung zu den gefährlichsten Gegnern der Guerilleros.

Nach dem Tod des Präsidenten Barrientos durch einen Flugzeugabsturz waren erneut militärische Umstürze und Machtkämpfe an der Tagesordnung. Schließlich konnte sich Ende des Jahres 1970 der Vertreter der fortschrittlichen Militärs, General Juan José Torres Gonzales, durchsetzen. Er gehörte zu den national gesinnten, patriotischen Kräften der bolivianischen Armee, die danach strebten, die abhängige und rückständige sozialökonomische Lage ihres Landes zu überwinden. Als einzige Möglichkeit, das Ziel zu erreichen, sollten tiefgreifende antiimperialistische und antioligarchische Reformen durchgeführt werden, ohne damit den Weg zum Sozialismus einzuschlagen.

Diese politische Ausrichtung des Generals Torres lief der von der Nixon-Regierung verfolgten Linie der massiven Unterstützung und Absicherung privater Kapitalinvestitionen durch die USA-Monopole in den Ländern Lateinamerikas grundsätzlich zuwider. Hinzu kam, daß Bolivien als Nachbar des unter einer Volksfrontregierung voranschreitenden Chile keinesfalls als dessen Verbündeter, sondern als potentieller Gegner der fortschrittlichen Entwicklung in Chile erwünscht war. Unter der Losung der «reiferen Partnerschaft» orientierte die USA-Regierung darauf, die Durchführung der für ihre Pläne erforderlichen Politik in die Hände lateinamerikanischer Partner zu legen. Im Falle Boliviens bewegte die Nixon-Administration aus dem Hintergrund die einheimische Konterrevolution mit allen Mitteln zum Zuschlagen. Unter Federführung des nordamerikanischen Imperialismus wurden die Interessen seiner lateinamerikanischen Verbündeten mit denen der großen Bergbau-, Handels- und Bankunternehmen, die mit den transnationalen Monopolen verflochten sind, abgestimmt. Der Putsch in Bolivien gab den Auftakt für weitere Schläge gegen die Kräfte des Fortschritts, die in Uruguay fortgeführt wurden und in Chile die Unidad Popular zu Fall brachten.

Durch den Putsch vom August 1971 gelangte in Bolivien der von der Kommunistischen Partei Boliviens so genannte Militärfaschismus als Instrument der nationalen und internationalen Konterrevolution an die Macht. Die Militärdiktatur der sogenannten Neuen Ordnung unter General Hugo Banzer führte zu einer beschleunigten Faschisierung in den Strukturen des bolivianischen Staatswesens, insbesondere innerhalb der Streitkräfte. In den sieben Jahren der Banzer-Diktatur von 1971 bis 1978 waren die Angehörigen des Militärs einer tiefgehend deformierenden unmenschlichen ideologischen und militärisch-professionellen Beeinflussung ausgesetzt. Mit der gegen die Werktätigen gerichteten Ideologie, die wahren «Erzieher» des bolivianischen Volkes zu sein, und im Geiste repressiver Gewalttätigkeit gegen den «inneren Feind» wurden systematische «Säuberungsaktionen» gegen die patriotischen und demokratischen Kräfte des Landes durchgeführt. Die Reaktion unternahm alles, um Kommunisten und Gewerkschafter physisch zu vernichten. Dieses entmenschte, faschistische Denken und Handeln wurde unter US-amerikanischer Beratung erworben und praktiziert. Der heimliche Berater Banzers, der SS-Mann und Nazi-Kriegsverbrecher Klaus Barbie alias Altmann komplettierte die repressive Politik des Diktators und seiner Handlanger mit Gestapo-Methoden.

Die volksfeindliche Politik und Ideologie der Banzer-Diktatur wurde zur Basis für die Herausbildung des «faschistischen Bunker», der sich aus hohen Militärs und prominenten Vertretern der nationalen Bourgeoisie zusammensetzte. Sie hatten die Schlüsselpositionen des Regimes inne und waren verflochten mit den großen legalen Geschäften und dem zum Teil noch größeren illegalen (Rauschgift-)Geschäft, das unter der «Neuen Ordnung» seine Blütezeit hatte. In dieser Schicht konnte sich der schon 1972 als ehemaliger Chef der SS in Lyon (Frankreich) identifizierte Kriegsverbrecher Klaus Barbie noch sicher fühlen.

Aber im langjährigen Widerstandskampf gegen das Banzer-Regime entwickelten, organisierten und festigten sich die Kräfte, die auch Barbie zu Fall bringen sollten. So wurde die Front der Demokratischen Volkseinheit (UDP) Anfang 1978 offiziell gegründet. Sie entstand jedoch durch den langen, gemeinsamen Widerstandskampf von Kommunisten, Sozialisten, Nationalreformisten, Demokraten und konsequenten Patrioten. Ihr Ziel ist es, eine einheitliche politische Führung der Massen zu schaffen und in Form einer Volksmacht zu einer wirklichen Alternative zu werden.

Die Krise der Banzer-Diktatur spitzte sich 1978 unter dem Druck der Volksmassen so zu, daß Wahlen ausgeschrieben werden mußten. Die Demokratische Volksunion (UDP) nahm an den Wahlen teil und bereitete dem formellen Nachfolger Banzers eine klare Niederlage. Im November 1978 stürzten Offiziere den Nachfolger von General Banzer, General Juan Pereda Asbún, und eröffneten erneut den Weg zur Demokratisierung in Bolivien. Der «Banzer-Bunker» hatte jedoch weiterhin Schlüsselstellungen des Staatsapparates inne und konnte auf die Streitkräfte rechnen. Trotz der offensichtlichen Versuche der zivilen und militärischen Rechtskräfte, die politische Führung zu übernehmen, errang die Demokratische Volkseinheit (UDP) mit Hernán Siles Zuazo und Jaime Paz Zamora in den Wahlen von 1979 und 1980 große Siege, ohne jedoch zur Regierung zu gelangen.

Die Anhänger der Diktatur bereiteten nun unter der sachkundigen Anleitung des Verbrechers Barbie einen blutigen Umsturz vor, bei dem die Führer der Linken und der Gewerkschaft ermordet werden sollten. Am 17. Juli 1980 erfolgte dann die brutale Restaurierung des Faschismus, die Rückkehr des «faschistischen Bunker» an die Macht. Die von General García Meza geführte Militärjunta putschte nicht einfach gegen die alte Regierung. Sie diente den aggressivsten und reaktionärsten Kreisen der proimperialistischen Großbourgeoisie Boliviens. Die Aufgaben dieser Junta bestanden darin, die tiefe Wirtschafts- und Finanzkrise zu lösen, indem sie deren Auswirkungen auf die Werktätigen abwälzte und damit die vom Internationalen Währungsfonds auferlegten Richtlinien befolgte. Dies ist aber nur möglich, wenn dem Volk jede Möglichkeit, Demokratie auszuüben, genommen wird, die Massen gelähmt werden und die Arbeiterbewegung durch die physische Vernichtung ihrer Führer zerschlagen wird. Der Diktator unterstrich seine Verbundenheit mit Pinochet und identifizierte seine politischen Vorhaben mit dem chilenischen Modell. Bezeichnend ist die Unterstützung des Putsches durch bewaffnete Banden von Rauschgifthändlern. Andererseits muß auch bei diesem Putsch hervorgehoben werden, daß er in einer Zeit stattfand, in der die USA-Regierung unter J. Carter die Rückkehr zum kalten Krieg forcierte und sich zu militärischen Aktionen in der Karibik und in Mittelamerika rüstete. Die verstärkte US-Aggressivität ermunterte die reaktionären Kräfte Lateinamerikas, den demokratischen Vormarsch mit Gewalt aufzuhalten und Prozesse der Demokratisierung rückgängig zu machen.

Nach erneuten Machtwechseln in den Jahren 1981 und 1982 berief der Nationalkongreß im Oktober 1982 den Kandidaten der Demokratischen Volkseinheit, Hernán Siles Zuazo, zum bolivianischen Präsidenten. Seinem kurz darauf von ihm ernannten stellvertretenden Innenminister, Gustavo Sánchez Salazar, gelang es schließlich 1983 mit Hilfe seiner Kampfgefährten in Bolivien und Frankreich, den «Schlächter von Lyon» aus Bolivien zu entführen und der französischen Justiz zu übergeben.

Ulrich Strulik

---

[1] 1. Lateinamerika zwischen Emanzipation und Imperialismus. 1810 bis 1960. Studien zur Kolonialgeschichte und Geschichte der nationalen und kolonialen Befreiungsbewegung, Berlin 1961. Darin besonders bei:

Kossok, M.: «Sonderauftrag Südamerika». Zur deutschen Politik gegenüber Lateinamerika 1938–1942. S. 234–255.

2. Der deutsche Faschismus in Lateinamerika 1933–1943, Berlin 1966. Darin besonders bei:

Katz, F.: Einige Grundzüge der Politik des deutschen Imperialismus in Lateinamerika von 1898 bis 1941. S. 9–69.

Inhalt